# 教育的演進

## 從古代氏族到近代國家 的啟蒙之路

李劍橋，竭寶峰 編著

U0087449

## 教育思想與制度改變世界！

從氏族社會到拜占廷與阿拉伯的教育演進

討論中世紀教育機構的興起與對後世的影響

分析英、美、法、德、俄、日等國的教育系統

介紹歷代教育家思想，從康米紐斯到福祿貝爾的革命性貢獻

回顧全球教育制度的發展，揭示教育如何推動社會進步與變革

# 目錄

# 目錄

教育萌芽於原始社會

## 前氏族社會的教育早期形態

前氏族社會時期是指從有人類到距今一萬五千年左右。這一時期的生產水準極端低下，生產工具也很簡單、粗糙，原始人們依靠群體的力量向大自然索取現成的食物。如植物的果實、塊根以及昆蟲、蜥蜴等小動物，以後慢慢也獵取較大的動物。由於生產力水準的低下，每個人都必須從事勞動生產，才能取得生存所必需的起碼的生活物品，所以每個兒童自幼就要向年長一代學習勞動知識和技能。當成年男女一起出動進行採集和捕捉動物時，兒童們則跟隨老年人在駐地負責驅逐和看管小動物，在附近地區採集植物。在這個過程中，老年人便把製造和使用工具的方法與技能，把生產勞動的經驗和知識傳授給少年兒童。同時也告訴兒童們群體生活的習慣、行為準則等。

前氏族時期教育的特點是所有的兒童都在共同的勞動、生活中接受教育。

# 母系社會中的教育特點

　　從一萬五千年前到五、六千年前，屬於氏族公社時期。其前期為母系氏族時期。由於開始禁忌族內近親通婚，其成員必須和另一個氏族的成員通婚；又由於群婚，人們只知其母，不知其父，世系只能按母系計算。互通婚姻的氏族組成了早期的部落，這便是母系氏族社會。

　　母系氏族社會在勞動生產中出現了性別的分工。男子多從事狩獵，女子多從事採集、編織和原始種植。由於女子的生產勞動為生活提供了一定的保障，因而她們的地位較高，在氏族中倍受尊敬。母系氏族社會的兒童們屬於氏族所有，在八歲以前由婦女撫養，八九歲後開始分化，男孩由男子指導，學習男子應做之事；女孩由婦女指導，學習婦女應做之事。

　　母系氏族時期出現了對未成熟少年集中進行有計畫、系統的、嚴格的訓練，即成年禮。它包括身體鍛鍊、道德規範教育、意志性格訓練和傳統教育。年輕一代只有在領受成年禮之後，才能成為社會的正式成員。

　　母系氏族時期出現了圖騰崇拜。這些宗教信仰內容及其

儀式是每一個氏族成員所必須掌握的，這也是為當時教育的重要內容之一。

母系氏族時期教育的特點是所有兒童按男女勞動分工，分別在勞動中接受勞動教育，在社會生活中接受一定的宗教道德教育。

## 父系氏族體系下的教學

父系氏族時期是氏族公社的第二個階段。由於青銅器的冶煉和使用，使生產水準有了較大的提高，並出現第一次社會大分工，在農業生產和畜牧業生產中，都需要較強的勞動力，男子的勞動逐漸占了主導地位，婦女則轉為主要從事家務勞動。原來以母系為中心的母權制氏族逐漸轉變為以父系為中心的父權制氏族。

父系氏族社會由若干個家長制的大家族組成。家長制大家族，是社會基本的經濟細胞，也承擔了教育青年的職責。這個時期，教育的內容更加複雜了，兩性在教育上的差別也越來越大。女孩主要學習管理家務，從事家務勞動。男孩除學習照管牲畜、從事農業和手工業知識外，還要參加軍事操練，學習騎馬、投矛、挽弓射箭等技能。「成年禮」因而得

到進一步發展，青年人往往要接受非常嚴格的訓練，經考查合格，才能成為氏族社會的正式成員。

父系氏族時期教育的特點一方面是教育內容擴大了、豐富了，教育的專案也有所增加，增添了軍事體育教育的內容。另一方面，道德倫理教育也受到更大的重視。

## 軍事民主制階段的教育

在氏族公社解體到奴隸制國家產生的過程中，出現了軍事民主制。軍事民主制保留了某些氏族公社時期的制度，如：「議會」、「立法院」，同時又存在著軍事首長的個人權力。以掠奪財富、奴隸為目的的戰爭越來越頻繁，軍事首領、部落酋長和僧侶人員逐漸演變成部落的特權人物，加之私有財產、剝削現象的出現，社會階段劃分越來越明顯了。

教育為適應「軍事民主制」的特點，重視和加強了對全體社會成員的軍事體育訓練，把軍事教育提到了首位。如古代日爾曼人曾指導青年練習強盜式的軍事攻擊，讓青年在劍和長矛之間赤身裸體，跳躍操練，以培養其勇敢、機警和幹練的特質。在後期，隨著階級的萌芽，出現了階級教育的萌芽。

　　原始社會的教育是與原始社會的財產公有、共同勞動、平等地分配勞動產品的經濟制度相適應的，它表現為教育的民主和平等的性質。但原始社會的教育內容簡陋、方法原始、品質低下，又表現出教育的原始性。

# 古埃及的教育系統

　　古代埃及位於非洲東北部尼羅河的下游。尼羅河每年 7 月氾濫，11 月退潮，土壤既因淤泥而肥美，又有河水灌溉之便，故農業發達，屬富饒之鄉。古希臘歷史學家希羅多德說過：「埃及是尼羅河的贈禮」。在西元前 3500 年左右建成了上埃及和下埃及兩個王國。西元前 3000 年左右，建立了統一的王朝，形成奴隸主專政的國家。中間經過古王國、中王國和新王國三個歷史時期，最後在西元前 525 年為波斯國所滅。

　　古代埃及文化、科技成就十分突出。為預測尼羅河的泛濫，形成了最早的天文學。在西元前 4241 年就有了太陽曆。為測量土地、修建溝渠、修築堤壩和橋梁，形成了埃及最早的幾何學、水利學；在製造木乃伊和醫治疾病中，醫學也有了一定的發展。在西元前 3000 年以前就有了圖形文字。國家

十分重視文字，規定有為宗教所需的象形文字，為政府辦公所用的簡體字，為經商所用的草體字。古埃及掌握這些知識的大多為僧侶和文士。他們也是古埃及奴隸主教育中的關鍵人物。

僧侶是古埃及的神職人員。古埃及是政權與神權相統一的國家，人們供奉的神祇達 843 種之多。為敬奉神祇，廣修廟宇，因而有眾多的僧徒。寺廟中的高僧脫離體力勞動，除負責宗教活動外，不掌管水利、天文、建築、醫藥等職，但有較豐富的學識，他們大多還擔負著培養接班人的職責。「文士」是指社會上一些擅長文墨、富有知識的人。古埃及的「文士」多在政府供職，享有較多的特權，因此不少奴隸主熱衷於培養自己的兒子成為「文士」，充當官吏。

古埃及的學校主要有宮廷學校、寺廟學校和文士學校。

宮廷學校是皇族子孫、貴族和大臣們的子弟學習的地方，一般多設在法老的王宮中。寺廟學校設在寺廟內，是專門培養僧侶的學校。文士學校是文士在家中招收學生，進行講學，這種私立性質的學校習慣上稱為文士學校。

古埃及的學校教育內容，大約可分為初、高兩個等級。這兩個等級間沒有明顯的界限。在初級階段，兒童學習書寫、閱讀和簡易計算，又以書寫為主。因為埃及的文字既繁雜又難學，而埃及又是依靠書寫來傳授知識的，因此，書寫

在教育中占有特別重要的地位。古埃及書寫的材料有紙草、石板、貝殼、象牙、皮革等。最常用的是紙草。紙草是尼羅河岸盛產的一種植物，將其莖部簡單加工即成卷。人們用蘆葦製成的葦筆，沾上水和彩墨（大多為黑、紅兩種）在紙草上書寫。書寫的內容有道德的訓誡、知識性的材料。古埃及在書寫教學中還注重指導兒童學習辭令。諺語中說：「你巧於辭令，你必將獲勝。」這個階段的計算教學是具體數量的測算，如計算個人財產、土地的測丈、徵稅的稅率、金字塔的面積和體積及穀物的儲量等，多為實用性質。古埃及高級階段的教育是專業教育。最受重視的是建築業以及天文學、數學、幾何學、水利學和醫學。

古埃及的教學注重實際應用，注重練習操作，對理論鑽研、學術闡述不很重視。教學中老師不注重啟發誘導，而是注重灌輸，崇古墨守，所以古埃及教育發展緩慢。

## 亞述與巴比倫的教育

兩河流域是人類文明最早的形成地。據推測，大約在西元前四千紀，住在這裡的蘇美人已有了較發達的文化。西元前三千紀出現了奴隸制國家。亞述和巴比倫都是遠古的奴隸

制大國，西元前 18 世紀末，巴比倫五朝第六代國王漢摩拉比（約西元前 1792 年～西元前 1750 年）統一了兩河流域，建立了強大的奴隸制中央集權國家。當時農業生產進一步發展，商業貿易發達，文化教育水準也居於世界前列。

兩河流域早在蘇美人時代就有了楔形文字。它是用削成三角形尖頭的芒葦桿（或木棒、骨棒）作筆，把字刻在半乾的泥版上，落筆之後自然形成楔形，因而稱為楔形文字。這種文字在發展中經歷了圖形文字、表意文字和表音文字。數學方面的發展已採用了十進位和六十進位的計數法，已知道四則運算，能求出平方根、立方根，解出 3 個未知數的方程式。在天文學方面已經能預測日蝕、月蝕，並區別五大行星和恆星。另外在建築和雕刻、物理學、化學、醫學方面也有很大的成就，這些成就為兩河流域教育的發達奠定了基礎。

亞述和巴比倫的學校類型據推測也有三類，即宮廷設立的、寺廟設立的和文士私立的。學校的教學，初期是以學習文字、抄寫為主，也學習計算。第二階段是按照學生的志向、興趣分派到相應的寺廟或政府機構，按其準備承擔的職責，接受高一級水準的專業培養。

兩河流域的學校產生的時間很早，法國考古學家於本世紀 30 年代，在馬里城發掘出一所被猜想為西元前 2100 年左右的學校。在大、小兩間房屋中擺有石凳，並出土了大量的

泥版，因而證實了這是一所學校。也有人推測這所學校是西元前 3500 年左右的，這樣就比古埃及的學校早 1000 年。

亞述、巴比倫學校的教育方法，依發掘資料的記述，其體罰十分嚴重。老師用木棒責打學生是很經常的事情。學生遲到要捱打，作業有錯要捱打，未經允許說了話要捱打，書寫潦草要捱打，甚至手不乾淨也要捱打。

# 古印度的教育觀念

## ▶ 古代印度的社會

印度也是世界上歷史悠久的文明古國之一。早在西元前 2000 年以前，當時的居民達羅毗荼人就已經有了高度發達的文化，史稱哈拉巴文化。雅利安人入侵後，吸收了哈拉巴文化，由游牧生活轉為農業生活，到西元前 1000 年左右形成最初的奴隸制國家。

古代印度的教育是與它的種姓制度和宗教緊密連繫在一起的，同時又受當時文化的影響。在了解古代印度教育之前，必須理解古代印度社會的種姓制度、宗教和文化。

種姓制度是古代印度一種複雜的社會等級制度。玄奘曾

將它譯稱為族姓制度。西方人稱之為卡斯特制度。種姓制度形成於西元前 900 年～西元前 600 年。它將除奴隸之外社會上的人劃分為四個等級：婆羅門、剎帝利、吠舍、首陀羅。婆羅門是僧侶祭司，剎帝利是軍事貴族，兩者居於統治地位，而以婆羅門權勢最高。吠舍是小生產者（農民、手工業者和商人），有人身自由，死後仍可再生為人，屬再生種姓平民，但沒有政治權利，他們必須供養不從事任何生產勞動的婆羅門和剎帝利。首陀羅是地位低下而受苦的人，他們沒有生產資料也不屬於「再生」種姓，從事最苦、最低賤的職業。當然奴隸比首陀羅更卑賤。種姓制度是由每個人的家庭出身來決定其社會地位的，各等級的人世代從事規定的職業，不得任意改變。各個等級之間不允許通婚，不同等級的人在法律上也是不平等的。如殺死一個婆羅門要付很高的物質賠償，殺死一個剎帝利的賠償只及其 1/4，殺死一個吠舍僅及其 1/8，殺死一個首陀羅則為 1/16。

印度宗教中形成最早、歷史最長的是婆羅門教。婆羅門教肯定了種姓制度的合理性，並藉此來維護奴隸社會的等級制度和婆羅門的特權。婆羅門教的經典為《吠陀經》，它對宇宙和人生都作了宗教哲學方面的解釋。隨著社會的不斷發展，婆羅門教已不能適應社會新動態的需要，加之婆羅門教的墮落，社會上出現了很多的新思潮，慢慢地形成了印度的

另一大宗教 —— 佛教。據傳，佛教的創始人是喬達摩‧悉達多。他是伽毗羅衛城（在今尼泊爾境內）釋迦族首領淨飯王的兒子。佛教徒尊稱他為釋迦牟尼，意為釋迦族的寂默賢者。佛教針對婆羅門的特權提出「眾生平等」的主張，認為社會上的不同種姓只是由於不同職業分工形成的，而非自然如此。人在社會中的等級應由人的品行而不是人的出身來決定。從佛教反對婆羅門教的不平等來看，它的作用是積極的。可是，佛教所主張的「眾生平等」只是人在進入虛無飄渺的天國中才能表現出來，實際上是個空頭支票，所起的只能是一種麻醉人民的消極作用。西元前 3 世紀阿育王定佛教為國教，出現了僧侶的組織，制定了教條和戒律，佛教的寺院越來越多，寺院逐漸成為宣傳教義培養信徒的場所了。

古代印度的文化內容十分豐富，對世界文化的發展起了重要的作用。哲學方面有婆羅門教《吠陀經》的《奧義書》和佛教的三藏，它們既是宗教經典，又包含了多方面的知識，其中不少詩篇是古代傑出的文學作品。古印度最著名的文學作品是《摩訶婆羅多》和《羅摩衍那》，這兩部史詩篇幅之長，遠遠超過希臘荷馬創作的《伊立亞特》和《奧德塞》。古印度在科學方面也有很輝煌的成就。數學上創造了從 1 到 9 九個數字，在這之後又加上一個 0，並提出了數字按位計值的方法。現在我們都把這種數字稱為阿拉伯數字，實際

上那是阿拉伯人從印度人那裡學過去的。天文學雖然和占星術混合在一起，但他們已有了測算陰曆的曆法。在佛教寺院中傳授的「五明」（即五種知識）範圍廣，有獨到之處。這「五明」一是「宣告」，學習辨識古字古文；二是「巧明」，包括機械和曆算；三是「醫方明」，講授梵咒和醫藥知識；四是「因明」，講述推理方法，類似邏輯之類的知識；五是「內明」，講解佛經和因果關係。這種多方面的知識使印度文化史在世界上占有崇高的地位。

## ▶ 婆羅門教教育

古代印度的學校出現在西元前 8 世紀到西元前 4 世紀的孔雀王朝時期。在婆羅門的學校中最有特色的是「古儒學校」。古儒是古代印度對婆羅門教經典有一定研究而又熱心於教育的知識分子的稱謂，「古儒」全部是婆羅門種姓的人，由他們在家裡設立的經義學校被稱之為「古儒學校」。兒童入學年齡一般為 7 歲～8 歲，也有 5 歲入學的。經古儒准許接受為學生後即遷入古儒家中，共學習 12 年。在這 12 年中，師生同飲食共生活，學生要遵守嚴格的規定，如定時沐浴，虔誠祈禱，衣著樸素，削髮獨身，在地板上睡覺，還必須到各地行乞，藉以習慣艱苦的生恬。古儒學校教師的品德行為也都必須符合聖典的要求；他們必須精通所授的學業並善於引導學生服從規則。

教師應學識淵博、言語清晰、忠貞、和善、以身作則、信仰堅定，並安於行乞而樂於以知識啟迪學生。在西元 2 世紀出現的教育法規中對師生都有了詳細的規定。古儒學校的教學內容包括語音學、韻律學、語法學、字源學、天文學和祭祀等「六科」，它們是學習吠陀經典的基本訓練內容。古儒學校最初可招收婆羅門、剎帝利、吠舍三種種姓的入學習經義，後來隨著種姓分化的加劇，取消了吠舍子弟學習《吠陀經》的權利，剎帝利依社會分工的需要也僅僅學習少量經義和語法、邏輯之類的知識，更多的時間是學習射術和政治。學習和研究《吠陀經》便成為婆羅門種姓的特權了。

在一些大的婆羅門寺院中也建有精舍，由富有學識的高僧講學論道。他們有的擅長科學和哲學，有的則擅長語法學和字源學，在講學論道時皆吸引眾多門徒遠道來求學。婆羅門種姓的人數很少，他們又注重個人修行，故寺院數目不多，規模也不大，其教育的影響有限。古代印度許多帝王的宮廷裡也設有學校，培養教育王子、王孫，這類學校對於政治、經濟等知識更為注意。

### ▶ 佛教教育

佛教教育主要在寺院中進行。佛教在定為國教後，寺院發展迅速，不僅數量多，而且規模宏大。寺院內裝置齊全，

儲有一定的資財。佛教接受信徒沒有種姓限制，其僧侶的地位由修行的年資和造詣的精湛來決定而非出身和家世來決定，因而眾多父母競相送子入寺為僧。凡願為僧者，不論男女均可由家長向寺院提出申請；經許可後即入寺院或尼庵修行，在成年僧侶的監督下，從事學習和苦修。

佛教寺院的教育分兩個階段。年滿 8 歲以上兒童經准許入寺修行，在學滿 12 年後透過一個隆重的儀式進行考核，合格者方可成為正式僧侶，男的稱為比丘，女的稱為比丘尼。比丘或比丘尼繼續留居寺院，由兩位僧侶負責指導學習教義和修行。這樣的僧師僧徒關係有如父子，共同生活相互信賴。僧徒侍奉僧師是其教育的組成部分，一切起居、飲食、沐浴、行乞等事都由僧徒為僧師安排妥當。僧師為僧徒講授知識，解答疑問，關心僧徒的精神成長和學識進步，不少高僧注重以身體力行薰陶僧徒，取得很好的教育效果。僧徒接受這種監督至少 10 年以上，方可承擔指導其他新著錄的比丘的職責。佛教寺院的學風較為純樸，寺院規定的制度僧師僧徒共同遵守。

佛教寺院的教育以培養宗教信仰為首，所以修行是寺院教育的核心。修行就是使僧徒透過遵守清規戒律養成善良行為，進而虔誠信佛以消除塵世情慾，從而獲得精神的解脫。寺院的教學一般以神學經典為教材，認為經典是一切知識道

德的泉源。在圍繞經典學習之餘，還傳授「五明」。僧師講授各種學科知識時採用通用方言，而不用繁難的梵文梵語。教學時經常採用爭辯和討論方式，形式靈活而富有生氣。

　　古代印度有不少學術水準較高、規模較大的寺院，除負責培養比丘的工作外，還從事學術研究，經常舉行學術討論和演講，成為當時的最高學府。其中最著名的是納蘭陀寺。納蘭陀寺在佛教之前、婆羅門教學術就很繁盛。後因釋迦牟尼生於此，死於此，葬於此而尤為著稱。寺院建築壯麗，藏書豐富，僧徒眾多。中國唐朝的玄奘法師就曾在納蘭陀寺學習過 5 年。在玄奘就學時期，納蘭陀寺的僧師有 1,500 人，僧徒有 8,500 餘人。僧師中能講經 50 種者約 10 人，能講經 30 種者約 30 人，能講經 20 種者約 1,000 人。納蘭陀寺招收學生考核十分嚴格，一般只有申請者的 20% 可獲錄取，學生須有堅實的基礎訓練，要到 20 歲左右才具備條件參加入學考試。該寺規模宏大，幾乎每天都有 100 項學術討論或報告，分別在殿堂或講堂進行，討論和報告的內容極為豐富，不論是婆羅門教或是佛教的教義；不論是宗教的或是世俗的知識；不論是哲學的或是實用的學問，不論是科學的或是藝術的成就，幾乎無所不包。寺內藏儲有大量圖書。圖書館包括 3 座建築，其中一所是九層的高樓，收藏的珍貴書冊頗多。因納蘭陀寺在當時學術和教育的影響極大，遠東各國紛紛派

遣青年赴納蘭陀寺求學，納蘭陀寺成為當時世界文化中心。

　　古代東方國家是人類文化的發祥地，也是人類文明的搖籃。在這裡出現了人類最早的學校和學校教育。雖然這些學校還較為簡陋，但已具備了學校的功能。由於學校的產生，使教學從社會生產和生活中脫離出來，有了專職性的機構。學校裡除了有專門進行教學的場所外，還有專門從事教與學的人員——教師和學生。這一切都促使了人類教育的大發展。古代東方國家的學校教育特點顯著，大致歸納有以下幾點。

　　1. 教育注重政治功能、社會的價值。學校教育與奴隸制社會的政治、宗教緊密結合在一起，並直接為之服務。學校教育中不考慮學生的個性特點，要求個人無條件地服從國家、社會的需要，更主要的是政治統治的需要。

　　2. 教育的宗教色彩濃厚。在古代東方國家的學校中，教師往往都是由神職人員擔任的（中國除外），宗教機構同時又是教育機構。學校重視培養學生的宗教信仰，注重道德訓練。教學內容也大都圍繞宗教經典內容進行。

　　3. 教育具有嚴格的等級性，古代東方國家的學校教育是一種社會地位和特權的標誌。哪個階層的人進入哪一類學校學習是有明確規定的。這是由奴隸社會的階級性所決定的，同時，這種教育上的差異又進一步鞏固了奴隸社會的等級性。

　　4. 教育的保守性大，發展緩慢。這一特點是受古代東方國家的經濟、文字等特點所限制的。古代東方國家的經濟大多以農業經濟為主，這種小農經濟對外連繫不多，較為封閉，變化極小。最初形成的文字十分複雜，要掌握這些繁雜的文字需要相當的精力和時間，這是一件很不容易的事情。而學校的教學內容又多以宗教經典為主，這就使得古代東方學校教育發展十分緩慢，這一特點也影響到以後古代東方國家學校教育的發展。

## 古希臘的教育制度

　　在古希臘的氏族國家中，最有實力的是斯巴達和雅典，這兩個國家的教育制度也最有代表性。

### 1. 斯巴達的教育制度

　　斯巴達是一個奴隸制城邦國家，位於伯羅奔尼撒（今名為摩裡亞）半島的東南部的拉科尼亞平原，它群山環繞，交通不便，海岸線沒有合適的港口，不利於和其他城邦國家的經濟、文化的交流；但斯巴達的土地肥沃，氣候適宜，非常適合農作物的種植，這裡鐵器的使用也較為普遍，有利於發

展農業。因此，斯巴達的農業非常發達，成為古希臘最大的農業城邦國家。

在斯巴達，9,000 戶斯巴達奴隸主統治著 250,000 奴隸，此外還有 30,000 左右的珀里俄基人，由於奴隸不堪忍受長期非人的統治，因而經常逃跑或發生起義暴動；由於斯巴達的地理環境易攻難守，它與鄰國的關係長期不和，經常面臨他國軍事侵略的威脅。在這樣嚴酷的現實面前，斯巴達的奴隸主統治階級為了維護自身的統治，不得不對內殘酷地鎮壓奴隸的起義暴動，對外抵禦他國的軍事侵略。

在斯巴達，幾乎所有重大的事務都是由國家操辦和直接管理的，教育當然也不例外。為了維護斯巴達人的國家權利和社會政治制度，統治階級對教育非常重視，「國家追求的直接目標在把斯巴達人培養成戰士，培養成堅強的、受過鍛鍊的、未來的奴隸主。斯巴達的一切教育也都服從於這個任務」。為了實現這一目的，所有的斯巴達人從小就要接受軍事教育訓練，為保衛國家的安全服務。

在斯巴達，生下來身體發育正常、無疾病或缺陷的嬰兒才能被允許存活下來，由孩子的母親或保母負責照顧到年滿 7 歲為止。男孩子要被送到國家的教育機關，常年在那裡接受軍事體育訓練，直到 18 歲為止。

為了適應未來殘酷戰爭的需要，兒童和少年要把白天絕

大部分的時間用於從事軍事體育訓練，練習角力、作戰遊戲和球賽；他們在夜間要經常參加捕殺奴隸的實習活動，以訓練他們的膽量和實際能力；為了使未來的戰士養成超人的忍耐力，教育者讓兒童在接受教育訓練的過程中經常面臨各種艱難遭遇，忍受飢渴、寒冷和痛楚的折磨。

斯巴達的統治者重視對未來戰士的軍事體育訓練，也重視培養他們的愛國主義精神，但對文化知識的學習則嚴重忽視，讀、寫、算都沒有列入學校的必修科目，許多學生在學校學習到 18 歲，但仍然目不識丁。學生在學校裡也要學習音樂和舞蹈，但他們學習這些東西的目的是為了鼓舞勇氣和培養嚴明的紀律。

學生到 18 歲時進入國家設立的「埃弗比」機構，在軍隊指揮官的指導下經常參加軍事演習和偷襲奴隸的活動，到 20 歲以後就成為國家軍隊正式的戰士。

斯巴達的女子和男子一樣，也要在國家的監督下接受嚴格的軍事體育訓練，只是可以住在家裡。斯巴達的統治者讓女子接受強制的軍事體育訓練，目的有兩個：「第一是為了生育健壯的兒童，第二是可以在戰爭發生、男子出征的時候，把看守城市的任務交給留在城中的女子。」

從以上簡要的介紹可以看出，斯巴達的教育具有下列特點：

1. 鮮明的階級性。強調受教育是斯巴達人的特權，而奴隸則無權利接受教育。

2. 國家對教育高度重視，並建立公共的教育機構對所有的斯巴達兒童和少年（包括女子）進行嚴格的教育。

3. 重視對青少年學生進行軍事體育訓練，並把愛國主義教育貫穿於教育的全過程。

4. 忽視對年輕一代的智育，造成他們身心的片面發展。

5. 斯巴達由於重視對年輕一代的教育，把愛國主義教育和軍事體育訓練放在教育工作的中心環節，因而為保衛國家培養了一批又一批具有強烈愛國主義精神的勇敢無畏的戰士。但斯巴達的統治者對文化知識的重要性認識嚴重不足，根本不重視對青少年文化知識的教育，結果培養的人素質不高，「斯巴達人性格中保守、狹隘、孤傲的性格，甚至達到無知的程度」。

## 2. 雅典的教育制度

雅典是古希臘的一個實力強大的奴隸主城邦國家，位於阿提卡半島上，三面臨海，一面環山，她的土地不適宜耕種農作物，但有利於種植橄欖、葡萄，她還擁有優良的天然海港，有利於發展貿易往來。雅典人為了自身的生存和發展，大力發展手工業和採礦業，全力加強和周邊國家的貿易往

來，「他們與其他競爭者相比是成功的，因此，他們獲得了愛琴海的貿易市場，給他們的統治者帶來了財富和勢力」。

雅典工商業的迅速發展給國家創造了大量的財富，促進了科學技術和文化藝術的發展和繁榮，也加速了奴隸主階級內部的分化，經濟勢力不斷壯大的工商業奴隸主貴族與傳統農業奴隸主貴族的矛盾非常激烈，他們都力圖爭取自由民的支持，這對雅典的教育產生了重要的影響。

和斯巴達一樣，雅典統治者同樣也高度重視對年輕一代的教育，「把教育兒童當做國家和每個做父親的職責，但它並不干預整個教育的細節，也不對教育進行絕對地控制。」在雅典，既有國家設立的學校，也有私人創辦的學校。

為了使未來的雅典人更好地適應發展工商業，參與國家的政治、文化生活，保衛國家的需要，雅典的統治者強調教育不僅要培養個人在參與保衛國家、處理個人休閒活動時所需要的忠誠、勇敢、強壯等品質，還要使他們具有多種才能，能言善辯，善於交際，能夠理智、公正、聰慧地處理經商和各種公共事務。

在雅典，兒童出生後也要進行嚴格的體檢，只有身體健康的兒童才能被允許存活下來。出生後到 7 歲前，兒童在家主要由父母養育。7 歲後，女孩子繼續留在家中由母親負責其教育，學習紡織、縫紉和生活起居、飲食等方面的知識技

能。7歲後，男孩子則被送到學校接受正規的教育。

在雅典，「初等教育的任務是為兒童打好將來參加公民活動和為國服務的基礎。」男孩子7歲以後，同時在私立的文法學校和音樂學校學習5-6年，前者讓兒童學習閱讀、書寫、計算的知識技能，後者則讓他們掌握音樂、唱歌和朗誦等方面的技能技巧。13歲以後，雅典的兒童一方面繼續在文法學校和音樂學校學習理論知識，同時又要在體操學校接受嚴格的體育訓練，幫助他們具有強健的身體，形成良好的個性。

15-16歲以後，大多數人開始在社會上就業，少數有錢有勢的貴族子弟則進入國家體育館接受2年左右全面的體育、智育和美育。

在雅典，18-20歲的青年，屬於公民預備階段，他們可以到國家舉辦的青年軍事訓練團接受系統的軍事教育。到20歲，經過一定的儀式，他們被正式授予雅典公民的稱號。

從以上簡要的介紹可以看出，雅典的教育具有下列的特點：

1. 鮮明的階級性。在雅典，受教育是貴族和平民子弟的特權，奴隸根本沒有資格接受教育。

2. 注重文化知識在學生成長過程中的作用，強調教育要培養在體力、智力、美感和品德等方面全面和諧發展的雅典人。

3. 雅典的學校有國立和私立兩種。

4. 雅典對女子教育嚴重忽視。

由於雅典的統治者高度重視教育，重視文化知識在學生成長中的作用，關心學生身心的和諧發展，因而培養了一批又一批的具有多方面能力的高素質人才，有力地促進了雅典工商業的發展，推動了該國的民主化程式。雅典的教育是世界教育遺產的重要組成部分，對後世的教育（特別是古羅馬的教育和文藝復興時期西歐的教育）產生了極其重大的影響。

## ▶古希臘主要教育家的教育思想

在古希臘教育發展與改革的過程中，湧現了蘇格拉底、柏拉圖、亞里斯多德等著名的教育家，他們的教育思想豐富和發展了世界教育思想的寶庫，對後世的教育改革產生了極其深遠的影響。

### 1. 蘇格拉底的教育思想

蘇格拉底（Socrates，前 479- 前 399）是古希臘著名的哲學家、思想家和教育家。他父親是位雕刻匠，母親是當地有名的助產士。蘇格拉底早年在父親挑選的教師指導下學習，精通數學、天文學，他知識淵博，體格健壯，才能出

眾。蘇格拉底成年後當過雕刻匠，後由於「內心的呼聲」而放棄了原有的職業，專門從事教育青少年的工作。蘇格拉底一生沒有留下任何文稿，他的教育思想散見在他的學生柏拉圖的著作《理想國》和色諾芬的著作《蘇格拉底回憶錄》中。他一生主要探討倫理哲學，在教育目的和教育方法上提出了許多有價值的主張。蘇格拉底教育思想主要有以下幾個方面的內容：

（1）教育的目的是培養有智慧，有完善道德的人

蘇格拉底是唯心主義者，他公開宣揚神學唯心主義，認為世界宇宙萬物都是由神創造和主宰的，他認為自然界沒有規律可循，研究自然是毫無意義的，但人的靈魂是可以被認識的。在蘇格拉底看來，人是有思想的、自由的個體，他的一切行為都是由理智來決定的，最高的善便是智慧，因此他主張人們不應當探究自然現象，要全力研究自己的心靈，在自我認識中探究和尋找永恆的真理，尋求人類最高的善——智慧。

在蘇格拉底看來，美德不是天生的，但可以透過對固存於自己頭腦中的探究來獲得，因此他強調教育就是引導青少年學生人格完善的過程，即教人知識、教人智慧的過程。他認為在雅典，只有那些出身高貴的奴隸主貴族子弟才具有良好的思考力，才有能力接受教育，成為具有完善美德的國家

的統治者。因此，他強調，雅典的教育目的是培養「透過認識自己達到獲得知識，最終成為有智慧、有完善道德的人。」

（2）要引導學生運用「蘇格拉底法」進行探究學習

蘇格拉底認為知識是存在於個體頭腦中的固有的東西，但並不是所有的個體依靠自己的力量就能獨自發現它，往往需要哲學家、教師的及時幫助和引導。他說助產士的任務不是自己生孩子，而是幫助產婦生出自己的孩子，教師的任務不是向學生傳授知識，而是幫助他們發現固存於他們頭腦中的知識。因此，蘇格拉底在講學或辯論時並不直接向學生傳授具體的知識，而是透過對話或提問來揭露對方在認識上存在的矛盾，引導他們發現存在於他們頭腦中固有的知識，這種方法稱為「蘇格拉底法」、「蘇格拉底問答法」或「蘇格拉底助產術」。

蘇格拉底法的主要特點是透過教師與學生的對話來引導學生獲得對事物的正確認識。由於這種對話是在日常的教學環境中進行的，它不是建立在教師向學生強制性灌輸知識上，而是建立在教師與學生從已知到未知、從具體到抽象的平等的共同討論的基礎上，它有助於激發學生的學習積極性，促使他們主動地參與探究學習活動，親自發現知識。從這個意義上說，蘇格拉底是西方最早提出啟發式教學法或發

現法的教育家，許多學者認為，「蘇格拉底的『產婆術』，可謂西方啟發式教學的淵源。」

當然，「蘇格拉底法」還是存在許多不足的，它的理論基礎是不正確的，因為學生頭腦中的知識來源與他與外界的交往，不是他頭腦中固有的；它不是建立在學生大量觀察或閱讀文獻的基礎上進行的對話，其結果對問題的探究很難深化，不利於提高學生的思維水準。「如果完全按照蘇格拉底的類似詭辯辦法進行『辯證』，學生的思想不是更清晰了，而是更混亂了。」

蘇格拉底在教育活動中重視道德教育，創立了蘇格拉底法，注重引導學生透過談話、討論等方式探究學習，對後世的教育產生了深遠的影響。

## 2. 柏拉圖的教育思想

柏拉圖（Plato，前 427- 前 347）是古希臘著名的哲學家和教育家。他出身於雅典的一個貴族家庭，青年時期曾師從於蘇格拉底，深受蘇格拉底教育思想的影響。蘇氏死後，他被迫逃離雅典，曾到埃及、義大利等國從事政治活動。西元前 387 年回到雅典，創辦了一所稱做「阿加德米」（Academy）的教育機構，專門從事培養人的工作，工作時間長達 40 年。柏拉圖一生著述頗豐，其教育思想主要集中在他的代表

作《理想國》和《法律篇》中。

（1）教育的作用和教育的目標

在柏拉圖看來，認識最高理念和達到理想國的目的要透過教育來實現，教育是實現國家繁榮富強的重要工具，理想國家的建立和鞏固有賴於這個國家的教育，有賴於國家對每個有公民身分的人的教育。因此，柏拉圖強調教育應由國家負責，國家要根據自身的實際需要為本國的公民創辦完備的教育結構，使他們受到最好的教育。

在柏拉圖看來，理想的國家需要哲學家，也需要軍人和手工勞動者。他認為不同的人的先天素質是不一樣的，對所有的人實施同樣的教育不會發生作用，但國家可以根據人的天分把他們培養成國家需要的哲學家、軍人和手工勞動者，從而維持理想國家秩序的穩定。

（2）教育的內容和方法

柏拉圖認為教育就是對兒童的習慣所給予的影響和培養，從而使他們獲得理性的過程。為了達到這一日標，他認為教育者應當根據不同年齡階段的兒童和青少年的特點從事工作，在教育內容和方法上有所不同。

他認為國家要為 3-6 歲的兒童設立類似於遊樂場的教育機構，讓專職的教育人員給兒童講故事，讓他們做遊戲、唱歌等，讓兒童在歡樂中健康地成長。

　　柏拉圖設想，兒童 6 歲以後可以進入國家設立的初等學校學習 11 年左右，有智育、體育、美育等方面的內容，並要把愛國主義教育貫穿於教育的全過程，以便培養出身心和諧發展的一代新人。17 歲以後，從初等學校學習結束的平民子弟離開學校到社會上就業，成為樂於為社會奉獻的體力勞動者。而奴隸主的子弟則要進入青年軍事訓練團接受 3 年的軍事體育訓練，並繼續學習理論知識，學習作為一個武士所必須掌握的科目，即算術、幾何、天文學和音樂（柏拉圖把它們稱做「四藝」），並要進行愛國主義教育，以培養國家英勇善戰的武士。在這一階段學習結束後，大多數學生要到軍隊去服役，少數天賦出眾的學生則在國家設立的專門機構繼續學習和研究「四藝」及哲學，最終成為國家的官吏或哲學家。

　　在教育教學方法上，柏拉圖繼承了他的老師蘇格拉底的傳統，反對用強制的手段向學生灌輸知識，主張激發學生學習的積極性，注意引導學生透過積極的答問來提出問題和解決問題，透過自己的努力掌握所學知識，不斷提高他們的理性思維能力。

　　柏拉圖繼承和發展了蘇格拉底的教育思想，他重視教育在國家建設方面的作用，強調國家要重視大力發展教育；他強調要讓兒童在教育過程中身心得到和諧的發展，注重根據

兒童的天賦進行有區別的教育，主張在不同的階段教育的內容和方法應有所區別；他主張教師在教學中要激發學生的積極性，引導學生探究學習，注重訓練學生的理性思維能力。柏拉圖的教育思想豐富和發展了希臘的教育思想，對西方後世的教育家產生了巨大的影響和啟迪，推動了西方教育的改革和發展。但柏拉圖提出人的天賦存在差異，不同天賦的人接受不同教育的觀點為西方國家統治階級建立等級社會提供了理論依據；他過於強調透過回憶和思考來獲取知識，成了中世紀經院學派教育理論的理論基礎，對西方教育的發展產生了較大的消極影響。

### 3. 亞里斯多德的教育思想

亞里斯多德（Aristoteles，前 384- 前 322）是古希臘著名的哲學家、思想家和教育家。他出生於馬其頓一御醫家庭，自幼父母雙亡，由親戚撫養成人。西元前 367 年，他 17 歲時來到雅典，進入柏拉圖學院求學，在學院學習和生活達 20 年，深受柏拉圖的器重和信任。柏拉圖去世後，他離開雅典到各處遊學，後創辦呂昂克學院，使該校成為雅典最著名的學術文化中心。亞里斯多德一生著述甚豐，他的教育思想主要散見於《政治學》和《倫理學》中。亞里斯多德的教育思想主要展現在以下幾個方面：

（1）論教育的作用

亞里斯多德認為要使國家成為富強文明的國家，使國家的人民成為文明幸福的人民，除了國家要有一個好的政體外，就是依靠教育的力量使她的人民都成為具有良好素質的「善人」。在他看來，「因為整個國家從其全體上來說有一個終極的目的，所以很明顯的，一切公民都受同樣的教育，而關心這種教育應該是國家的本分，而不是靠少數人的力量……在這方面，拉西臺蒙人（即斯巴達人）是值得讚許的：他們對於兒童教育極為關心，他們的教育是整個國家性的。」「如果公民沒有守秩序的習慣，如果他們沒有受過守秩序的精神教育……任何最有用的法律都沒有用處。」因此他認為國家的統治者應當高度重視教育的作用，給國家所有的人以同樣的教育。

（2）教育要適應自然

在亞里斯多德看來，人分為身體和靈魂兩部分，這兩部分如物質和形式一樣是不可分割地存在著的；人的靈魂應當分為三部分：植物靈魂，即人的身體的生理部分；動物靈魂，即人的感覺部分；理性靈魂，即人的理性部分。他認為，在人的三部分靈魂中，植物靈魂、動物靈魂和理性靈魂是從低階到高級形成和排列的，靈魂的低階部分是高級部分的基礎，靈魂的高級部分可以控制低階部分，人的理性靈魂

是控制人各方面發展的主宰。

亞里斯多德認為對應於人的三種靈魂，有三種教育：體育、德育和智育。他認為要有效地發展人的靈魂，必須重視人的教育，但對人的教育應適應人的自然行程，他說：「教育的目的及其作用，有如一般的藝術，原來就在效法自然，並對自然的任何缺漏加以殷勤的補綴而已。」在他看來，自然所賦予人的也只是能力的胚芽，個體發展的可能性是透過教育來實現的，「自然把三種靈魂緊密地連繫在一起，我們在教育中也必須遵循自然，使體育、德育與智育緊密地連繫在一起。」因此，他反覆強調，教育工作應當效法自然，適應自然。

（3）論和諧發展的教育

在亞里斯多德看來，讓人參加體育活動是為了促進他的植物靈魂的發展，即發展他的身體和生理；讓人從事德育活動是為了發展他的非理性靈魂；讓人參加智育活動是為了發展他的理性靈魂。他認為，人的靈魂的三個方面的發展不是相互排斥的，而是相互連繫、和諧發展的。因此，他強調教育者在教育過程中應當注意兒童身心發展的順序，採取有效的措施促進其身心的和諧發展。

亞里斯多德總結了雅典教育的經驗，創造性地把受教育的兒童的年齡抽成三個階段：第一階段（出生到7歲），

這一階段主要任務是發展兒童的身體，要讓兒童經常參加戶外活動，養成良好的生活習慣；第二階段（7-14 歲），主要是對兒童進行德育，讓他們透過體操和音樂等科目的學習及參加各種有意義的集體活動，淨化兒童非理性靈魂中的不良衝動和慾望，培養他們良好的道德品格；第三階段（14-21 歲），這一階段的主要任務是對兒童進行智育，發展他們的理性靈魂，教育者要讓青少年學習數學、文法、詩歌、修辭、倫理學、哲學等科目。

亞里斯多德在廣泛繼承古希臘優秀教育遺產的基礎上，創造性地提出了許多重要的教育主張，如國家的統治者要高度重視對人民的教育，提出了教育要適應自然的原則，強調要根據兒童身心發展階段的特點進行教育，把體育、德育和智育有機和諧地統一起來，促進兒童身心的和諧發展等。這些思想豐富和發展了古希臘教育思想的寶庫，促進了希臘教育的發展與改革，對後世教育產生了重要的影響。

## 古羅馬的教育體系

古代羅馬教育制度的發展演變和本國的政治經濟制度的變革緊密地連繫在一起。根據古代羅馬社會發展變革的特

徵，可以把其教育制度的發展演變劃分為前希臘時期的教育、共和時期的教育和帝國時期的教育三個既相對獨立、又密切連繫的階段。

## 1. 古代羅馬前希臘時期的教育制度

在西元前 501 年至前 300 年的兩個多世紀中，羅馬建立和完善了本國的奴隸制國家制度，奴隸主貴族和平民是國家的公民，具有參與國家政治經濟生活的權利；這一時期，古代羅馬經濟上主要以農業為主，工商業不發達，且與鄰國的戰爭非常頻繁，這就決定了這一時期的羅馬教育較為落後，以培養英勇善戰的士兵為主要目的，沒有專門的學校教育機構和專職的教師，教育形式主要是家庭教育。

在前希臘時期的羅馬，「不允許奴隸充當教師，因為這會在別人和自己眼裡降低身分」。「孩子們只是在家庭這一狹小的環境生活中學習，至多也只能在他所生長的城市這一較廣的環境中學習。」這一時期在羅馬人的家庭中，0-7 歲的兒童主要由孩子的母親負責對他們的撫養和教育。從 7 歲起，女孩子仍留在家中跟著母親學習作為未來主婦和母親的教育內容。男孩子從 7 歲起則要跟著父親一起去工作，父親教他如何觀察和學習，讓他接受基本的學習、勞動和生活訓練。在這一時期，羅馬人注意教給男孩子一些閱讀、書寫和計算

方面的知識，但許多羅馬人對兒童的知識教育重視不夠，「父親往往只讓孩子學習作為一個羅馬紳士所必須具有的技能和了解他應負的責任，因為其他知識被認為是沒有教育價值的」。

男孩子到 16 歲時，成為羅馬的正式公民，開始了建設祖國和保衛祖國的新生活。

## 2. 古代羅馬共和時期的教育制度

從西元前 3 世紀中葉起，羅馬由於在對外戰爭中連續獲勝，國土面積不斷擴大，人口數量大量增加，形成了一個地跨歐亞非三洲的龐大的帝國。這一時期，羅馬對外貿易不斷擴大，工商業得到了一定的發展，國內的文化生活日益豐富，統治階級內部的政治經濟鬥爭也日趨激烈。這一時期羅馬政治經濟的發展和雅典文化在羅馬的廣泛傳播，迫切要求盡快改變原有的僅僅依靠家庭來實施教育的落後狀態，廣泛建立雅典式的學校教育機構，為統治階級培養具有較高文化素養的公民。

這一時期，羅馬統治者對教育非常重視，大量地把有教養的希臘人聘為教師，因而該國的學校教育得到了較快的發展，並逐步形成了較為完備的學校教育制度。

（1）初級學校

這種教育機構是私立的，學贊較為昂貴，但教學設施非常簡陋，主要招收 7-12 歲的羅馬奴隸主貴族子弟和少量平民子弟入學，學習內容主要是閱讀、書寫、計算和《十二銅表法》等內容。

（2）文法學校（拉丁語學校）

文法學校比初級學校高一級，相當於實施中等教育的機構，也是私立的，收費高昂，主要招收 12-16 歲的奴隸主子弟入學。文法學校最初以教授希臘文和希臘文學為主，到後來轉向以教授拉丁語和拉丁文學為主。羅馬的文法學校主要讓學生學習文法、作文、文學、羅馬神學、音樂、幾何、天文學等內容，以便為培養演說家打好基礎，但這種學校禁止學生學習體育方面的課程。

（3）修辭學校

這種學校相當於專門學校，是羅馬的統治者為培養善於辭令、精通文學和歷史、能言善辯的演說家和辯論家而創立的，主要招收 16-20 歲的奴隸主子弟入學，學習內容主要有文學、修辭學、歷史、法律、天文學、幾何學、倫理學、音樂、辯證法等學科，學習方式有讓學生聽老師講課、聽演說家的講演、在教師的指導下進行講演練習等。

### 3. 古代羅馬帝國時期的教育制度

西元 30 年，羅馬進入帝國時期。羅馬的統治者為了維護自身的權力和地位，加緊了對統治區人民的政治、經濟、文化教育的控制，也按照統治階級的要求對教育制度進行了一系列的改革。在教育目的上，把向國民傳授基本的文化知識和培養雄辯家改變為培養忠誠於帝國的順民和官吏；在學校的管理巾，加大了國家對各級學校的干預力度，對初等學校實行國家監督，把部分文法學校和修辭學校改為國立，以有利於國家對學校的直接控制；提高學校教師的待遇，加強對教師的控制，把教師由私人聘任改為由國家教育機關直接委派。

這一時期羅馬帝國的各級學校教育制度也發生了許多重要的變化，具體表現在以下幾個方面：

1. 初等教育仍然沒有得到國家的重視，各地學校的辦學設施相當簡陋，學校的教學重點開始由文學的學習轉移到對文法的分析上。

2. 文法學校中非常重視拉丁語的教學，拉丁語文法和羅馬文學在文法學校的教學中逐漸占主導地位，過於強調思辨使文法學校的教學方式逐漸趨於形式主義。

3. 修辭學校受國家政治影響較大，教育培養目標由培養雄辯家變為為國家培養官吏，學習內容主要是修辭學，但

「修辭學已蛻變為粹純外表的『雄辯』」，學習方式也變得更加形式主義；為了適應羅馬帝國政治、經濟的需要，統治者在羅馬創辦了教授法律、醫學和哲學的專門學校。

4. 這一時期，羅馬的統治者對基督教的態度發生了重大的變化，基督教逐漸演變成統治階級可以接受的宗教形態，基督教成為羅馬帝國的國教，它開始在各級學校的教育教學中發揮重要的影響，並逐漸占統治地位。

從古代羅馬教育制度的歷史變遷中可以看出：古代羅馬的教育制度是隨著國家的政治、經濟制度的變化而變化的，各個時期教育目標、教育內容、教育方式的變化皆說明瞭這一點；古代羅馬的教育改革與發展過程就是廣泛吸收希臘先進教育經驗和思想，並使其與羅馬的實際結合的過程，「羅馬遠不止是希臘文化的傳播者，她也是一種文化的創造者。……按照自己的方式，她留給了後人很多東西，這些東西足以影響他們的過去和現在」。

# 古羅馬時代的教育思想家

　　在古代羅馬教育的改革與發展過程中，出現了西塞羅、坤體良等著名的教育家，他們的教育思想豐富和發展了羅馬教育思想寶庫，有力地推動了羅馬教育改革與發展的程式，對後世的教育產生了極其重要的影響。

　　（一）西塞羅的教育思想

　　馬爾克思·塔利厄斯·西塞羅（前 106- 前 43）是古代羅馬著名的演說家和教育家，代表作是《論雄辯家》，他對演說家應具備的素質和如何培養演說家進行了全面系統的論述，形成了較為完整的教育思想體系。

## 1. 論雄辯家應具備的素質

　　古希臘教育家蘇格拉底認為人人都可成為他所掌握的學科領域內的雄辯家，西塞羅對此進行了批駁，認為並非任何人都能成為雄辯家，他強調一位出色的雄辯家應當具備以下特殊的素養：

　　（1）良好的道德品格和社會責任感

　　他認為一位演說家首先要是一個好人，他應當具有良好的道德品格和社會責任感。他說一個演說家「必須是個好

人，一個充滿高度道德的人。他應該忠誠地、處於公正地為公民服務，頭腦中應無一絲雜念，在他所處的時代應是最傑出的人。他應該從出生就受到教育和訓練，使他生活在傳統的環境裡，使他具有明確的、公正的道德感，使他具有最好的知識，並把它貢獻出來」。

（2）淵博的知識

在西塞羅看來，掌握淵博的知識是一個雄辯家必須具備的基本素質，因為這是由雄辯家的工作特點所決定的。他指出：「雄辯家集眾多科學與學問，其內容遠比人們所想像的要廣泛得多。」「掌握廣博的知識是必不可少的，不具備這個條件，要做到言辭流暢不僅不可能，而且荒謬可笑。」因此他強調一個演說家不應當只是具有滿腹詭計、辯論技能之徒，而應該是一個對每一部門有用的知識都通曉的人，這些知識應當包括文學、數學及其分支、物理、歷史、音樂、語法、邏輯和倫理等學科的知識。

（3）優美的舉止和文雅的風度

在西塞羅看來，要成為一個出色的演說家，僅僅具有廣博的知識還是遠遠不夠的，他還要具有優美的舉止和文雅的風度。他說：「演說是由身體、手勢、眼神以及聲音的調節及變化等等加以控制的，它們對於演說本身所產生的作用是巨大的。」

## 2. 論演說家培養的方法

在西塞羅看來，要培養出具有高超講演藝術的講演家，教育者自身就應當具有淵博的知識，精通講演藝術，他應當具有高尚的道德品格和良好的社會責任感，熱愛自己的學生，能用對待人的態度平等地對待他們，能友善地與他們相處，能處處成為學生的表率。西塞羅認為教育者只有這樣，才能有效地發揮自身的表率作用，使未來的講演家在良好的教育環境中受到潛移默化的影響。

西塞羅認為，練習是培養演說家的重要方法，它是將學生具有的講演的理論知識應用於實際，幫助他們形成講演的技能技巧的有效途徑。因此，他強調教育者要為學生創設近似於實際講演的情景，讓他們盡可能逼真地發表演說，教育者要對學生講演中存在的問題進行及時的指導，不斷提高他們的講演藝術。

在西塞羅看來讓學生練習寫作對於提高他們的講演藝術非常有效，因此他極力主張讓學生經常進行寫作練習，併作到持之以恆。

西塞羅關於培養雄辯家的思想推動了羅馬教育的發展與改革，他的教育思想對後世產生了深遠的影響。

（二）坤體良的教育思想

坤體良（Marcus Fabius Quintilianus，35-100）是古羅馬最著名的教育家，代表作是《雄辯術原理》。他系統地總結

了羅馬教育工作的經驗教訓，創造性地提出了改進教育教學工作的許多建議，形成了較為完整的教育思想體系。

## 1. 教育的目的是培養具有良好德行的演說家

在坤體良看來，羅馬的學校教育機構應當培養演說家，但他們應當具有良好的德行，否則他們是不可能真正地為社會服務的。因此，他強調教育者要注重學生品德和社會責任感的培養。他說：「在我看來，有德性的生活甚至較之最卓越的雄辯才能更為可取的。」「同一個人決不可能既是個壞人，又是個完美的雄辯家。」他指出，透過教育培養出的演說家除要具有良好的德行外，還應掌握淵博的知識，具有廣泛的才能。他說：「我們所要培養的人，是一個具有最高的天賦才能，滿腹蘊藏著最有價值的各種知識的人，是上帝派遣下來為世人帶來榮譽的人，是前無古人的人，一個各方面都是出類拔萃的人，一個會很好的思考又善於言詞的人。」

## 2. 各級學校要圍繞著培養有良好德行的演說家來設定課程

從培養有良好德行的演說家的教育目的出發，坤體良對各教育階段的學生應當學習的課程提出了詳盡的建議。他主張兒童要從 3 歲起開始學習外語 —— 希臘文；他認為兒童到 7 歲後應進公立學校學習，要系統地為他們開設閱讀、寫

作和簡易算術等學科，使他們系統地掌握閱讀、書寫、計算方面的技能技巧；在文法學校，教師應讓學生學習廣泛的課程，包括作文、寫作、音樂、數學、聲調訓練和體育等學科；在修辭學校階段，教師要為設定培養和提高演說家素養的各種專門化的課程，要讓學生主要學習修辭學理論和歷史、法律知識，廣泛閱讀各種名著，練習作文和演說等。

坤體良在教育實踐中認識到，讓同一階段的學生在一個特定的時間內學習多種學科的知識是可能的，既有利於拓寬學生的知識面，又能透過轉換學習內容而調劑學生的學習，不斷提高他們的學習效果。他還反覆強調，教育者為各級學校設定的課程總量不能過大，不要超出學生的接受能力，要防止學生的課業負擔過重。

### 3. 論教學過程與原則

坤體良在教學實踐中發現培養演說家的教學過程不是獨立的，它可以抽成「三個順序遞進的階段：模仿，理論，練習，而後者尤為重要」。他初步認識到教學過程應抽成讓學生觀察他人講演、進行模仿，接受教師的理論指導、在理論的指導下進行有針對性的練習三個相互連繫的階段。他根據對教學過程的理解，提出了教師在教學過程中必須注意的基本原則：

（1）因材施教原則

在坤體良看來，由於遺傳、環境等因素的影響，學生的智慧、特長是不完全一樣的，因此他強調教師要及時注意了解學生智慧的差異，觀察「每個人生來擅長什麼」，注意對學生因材施教，把他們培養成為有自己特點的演說家。

（2）教學的通俗性原則

坤體良認為教師的教學必須是明白易懂的，只有這樣學生才容易接受，也能夠把所學的知識記牢。

（3）教學的實踐性原則

坤體良認為要成為一個出色的演說家，除學習必要的學科知識外，還應經常進行一定的實際練習活動，他主張學生要在模仿雄辯家演講的基礎上，在自己模擬的情景中進行講演，在講演的練習中不斷提高自己的講演技巧。

（4）育人性原則

在坤體良看來，教師要培養有德行的演說家，就必須成為學生的表率，注意把知識的傳授和對他們進行德育有機地結合起來。他說：「教師應當是德才兼備的人，既教學生怎樣演講，又教學生怎樣做人。」

## 4. 教學組織形式

坤體良是最早提出分班教學設想的教育家。他指出：「個別教育是必需的，還有更多的學科必須由一個教師同時對很多學生進行教學。更不必說雄辯術教師的分析與演講，無論聽眾有多少，一定要讓每一個人都能聽清楚。」「我想起我的老師們所採用的一種有益的教育方法。他們將我們抽成班級，按照各人的能力輪流發表演講，能力強的就先演講。……教師對學生的演講做出評價。」他認為教師把學生按照年齡和能力進行分班教學，對激發教師和學生的教學積極性，提高教學效果具有重要的意義，因此他極力主張創造條件，儘早在學校的教學中推廣分班教學。

## 5. 論教師工作

坤體良認為教師在學生的成長過程中發揮著非常重要的作用，他要求教師要知識淵博、德才兼備，他說教師應當是「公認的有學問的人」，決不能「以本身的愚蠢去教人」。他還強調教師要處處做學生的良好表率，因為教師任何的不檢點行為都會對學生產生不良的影響。

坤體良要求「教師要以父母般的感情對待學生」，他主張教師對待學生的態度是應當和藹而不放縱，嚴峻而不冷酷，教師在教學中應當多用告誡和建議，少用體罰，要激發

學生的學習積極性，引導他們主動地投入學習。

　　坤體良是古羅馬最著名的教育理論家，他在廣泛繼承古希臘和古羅馬教育遺產的基礎上對教育教學工作進行了全面深入系統的研究。他對教學過程的階段劃分、各個學習階段的課程設定和安排、教學原則和方法、分班教學制、教學過程中的師生關係等都提出了頗具創新意識的觀點，極大地提高了教育教學理論的科學化水準，對古羅馬的教育教學改革產生了重大的影響。坤體良對西方教育的影響是多方面的，他的著作《雄辯術原理》被認為是西方第一部教學論方面的專著，文藝復興以後很多西方教育家都饒有興趣地閱讀它，從中吸取營養和接受教育，在他的教育理論的啟迪下進行教育改革，把他開創的教育事業繼續推向前進。

中世紀的學術與教育

## 西歐的教育發展軌跡

　　西歐在西羅馬滅亡後，經歷了一個相當漫長的時期，到11世紀，才完成了封建化的過程。游牧的日爾曼人有很多分支，他們在西羅馬帝國的廢墟上建立了大大小小許多王國，其中以法蘭克人建立的法蘭克王國最為強大。在查理曼統治的四十六年中，經過一系列的對外征戰，建立了一個龐大的帝國。法蘭克王國版圖西起大西洋海岸，東到易北河、多瑙河，北起北海、波羅的海，南到義大利，全境與西羅馬帝國相差無幾。查理曼的兒子路易死後，他的三個兒子發生內戰，最後將帝國一分為三。在這三個兒子的領地基礎上逐步發展成為近代歐洲的法蘭西、德意志和義大利三個國家。日爾曼人的另一個分支、盎格魯撒克遜人進入大不列顛島上所建立的小王國，後來逐步發展成為近代的英國。

　　日爾曼人遷居新地後實行土地分封制，逐步進入到封建社會。西歐封建社會的基本組織是封建莊園，莊園主擁有一切財產。莊園裡生產全部生活所需的物品，一切自給自足，封建主之間由分封制而形成上下尊卑的封建等級制度。國王是最高的封建主，王之下，是各級有爵位的貴族。最下等

的貴族為騎士，他們往往只有一個極小的莊園，統治著十戶或幾十戶農民。封建主的土地和爵位都是世襲的。上、下級封建主所形成的封主和封臣的關係是經王權批准、訂有契約的。封主將土地封授給封臣，並承擔保護封臣、仲裁封臣之間的爭執的任務。封臣要向封主宣誓盡忠，平時為封主服兵役，戰時為封主作戰，每年還要納貢，侍奉封主。這種社會關係使西歐封建社會帶有明顯的等級性。這一特徵也展現在西歐封建社會的教育之中。

西歐封建社會另一大特徵即濃厚的宗教性。中世紀西歐封建社會在意識形態上，幾乎全為基督教所控制。起初日爾曼人在西歐建立的小王國需要教會的幫助，加強自身的地位。羅馬教會也需要依靠一個強大的政治勢力來鞏固自己，於是教權與王權開始結合。例如，法蘭克人克洛維（西元 481 年～西元 511 年）曾率三千親兵接受洗禮，同時強迫被征服的居民信仰基督教，使教會在法蘭克人中的威信大為提高。同時克洛維的統治和擴張也受到教會的支持。西元 752 年，矮子丕平利用教會的支持，篡奪法蘭克王位後，把奪來的土地送給教皇，即歷史上有名的「丕平獻土」，由此奠定了教皇轄地的疆域。國王與教皇建立了相互支持的關係。西元 799 年羅馬教皇被羅馬貴族驅逐，求救於查理曼，查理曼便進軍羅馬，恢復教皇權位，教皇為報答查理曼，於

西元 800 年聖誕節在羅馬聖彼得大教堂為查理曼加冕，尊其為「羅馬人皇帝」。基督教成為封建統治者的宗教。查理曼為使基督教更好地為其服務，曾從哲學思想體系上對基督教進行改造。他把宗教的統一（「唯一的上帝」）與封建國家的君主專制相結合，把基督教的神權等級觀與封建社會的封建等級觀結合起來。這樣，基督教就演變為封建社會的世界觀了。在西歐，基督教不僅在思想意識上居統治地位，它還有一套完整的組織機構——教會組織，有嚴格的等級制度——教階制，有自己的經濟實力——教會領地。這一切使基督教在西歐居於「國上之國」的地位。基督教為了控制人們的思想，緊緊抓住了文化和教育，因此中世紀的教育便帶有濃厚的宗教性，使西歐的學校幾乎是清一色的教會學校。

## ▶ 教會學校

西元 5 世紀，在西羅馬帝國滅亡前後，帝國的公立學校已處於衰敗之中。西元 529 年查士丁尼命令停止一切公立學校的津貼和薪水，公立學校便很快消失了，西歐保留下來的都是教會主持或創辦的學校了。

教會出自教會文化的需要，十分關注學校教育，因為不給教徒尤其是教士以宣傳聖經和履行宗教職責所必需的文

化，教會便無法開展工作，逐漸地教會便掌握了國家教育大權。

中世紀基督教的教育內容主要是宣傳「君權神授」和「贖罪」。君權神授宣揚封建君王是上帝在人間的代表，萬民皆應服從他的統治。贖罪說宣傳的是上帝造就亞當、夏娃後讓他們建伊甸園，但他們不聽上帝的旨意，偷吃了禁果，結果被趕出園外。於是人類一誕生就帶有了原罪，人世上的一切苦難都是自身犯罪的惡報，所以世世代代都要贖罪，而「肉體是靈魂的監獄」，折磨肉體才能拯救靈魂，所以人應該禁慾、服從、虔誠，從而拯救自己的靈魂，以便死後到達「天國」。這些都是為教會禁錮人們的思想，使人們服從封建統治而服務的。

教會的教育機構大致有三類：數量不多的修道院學校、主教學校和數量較多但裝置簡陋、水準低下的教區學校。

修道院學校是隨著基督教修行制度的出現而產生和發展的。基督教徒為進行修道，建立了修道院。修士們在這裡要經過一年的預科訓練，然後立誓，實行三絕（絕財、絕色、絕意）等修煉活動。最初的修道院既是宗教機構，又是進行教學活動和研究活動的地方。後來，在修道院內專設學校。最後發展為獨立設定的教會學校。修道院學校是中世紀前期基督教會設立的主要的教育機構。

修道院學校的學生分為兩類：一類是準備學成後充當神職人員的兒童，他們自幼入院並住宿在修道院內，被稱之為「內修生」，他們要遵守嚴格的教規，不能過正常人的生活，將來擔任修道士。另一類是在修道院接受教育，但將來不當修道士的兒童，被稱之為「外修生」。他們走讀，住在家中，每天到修道院接受教育。外修生所學課程與內修生基本相同，只是重點不在修煉上。修道院學校的學習期限大約為八年至十年。

修道院學校以聖經為主要學習內容。通行的教材為《教義問答》，它是教會為初信教者傳授基本教義而準備的教材，採用問答體裁寫成。其主要內容包括信仰的綱領、十條誡命、如何做禮儀，如何祈禱等。除傳授教義外，也進行簡單的讀、寫、算的基本知識教學，但這些是為誦讀聖經、抄寫聖書和計算宗教節目服務的。以後，按教會傳教的需要又吸收了部分古希臘、羅馬時代的知識，逐漸把七藝納入了課程範圍。

七藝的來源可追溯到古希臘。智者派建立了三科，即文法、修辭、辯證法。柏拉圖為高級科目確定了四科即算術、幾何、音樂理論、天文學。希臘以後的教育家們都論述過這七門課程。西元 6 世紀時，義大利威維爾修道院院長卡西奧多羅斯（Cassiodorus）正式使用七藝，這個名稱在他的著作

中重新強調學科的七重編組，並把它與聖經中的：「智慧建造房屋，用七根柱子支撐」的經句連繫起來，使七藝有了神學基礎。從此，七藝構成了教育中的規範內容。

中世紀七藝在名稱上與古代的相同，但內容上有了很大的變化，特別是成為修道院的主要教學內容後，裡面更是充滿著神學的內容。七藝的學習主要是為學習神學服務的。例如：學習文法是為了閱讀《聖經》；學習修辭學目的在於掌握聖經中的文體，培養宣傳教義的表達能力；學習辯證法是用來進行論戰，打敗異教徒；學習算術是為了計算宗教節日和祭典的日期，甚至對數學符號也強加上神學的解釋。例如「1」代表唯一的上帝；「2」代表耶穌的神性和人性的雙重性格；「3」代表聖父、聖子、聖靈的三位一體；「4」代表四個福音書傳道者等等。學習幾何可以用來設計和繪製教堂建築的圖樣；學習音樂是為了舉行宗教儀式時的奏樂和唱聖詩等。教會學校的皇冠課程則是神學。

修道院學校的教師多由修道士或其他神職人員擔任，他們通常具有一定的文化素養，樂於從教，對各門學科富有興趣，教學方法大都由教師用拉丁語口授所傳內容，並說明意義，學生記錄講述內容後誦讀並記憶。教學多採用問答法，實行個別教學。學生入學時間不一，學習進度不等，學習期限也因人而異。

　　各類教會學校對學生的管教都極為嚴格，棍棒和鞭條是管教學生的常用工具，學生在學校中過著「棍棒下的生活」。學校中實行禁慾主義，祈禱、悔罪和齋戒是經常進行的學習專案。學生在深夜熟睡時還要被叫起來，進行夜間祈禱。更有甚者，還對學生實施監禁、絕食等懲罰。嚴酷的體罰和侮辱性懲罰，嚴重地摧殘了學生的身心健康。教會學校不設體育課，也不進行課外的體育活動。因為按照基督教教義，肉體是「靈魂的監獄」，教會認為，身體越受摧殘，靈魂越能得救。

　　主教學校設在主教的所在地，學校的性質和水準與修道院學校相近，學校裝置較好，學科內容也比較完備。在中世紀前期，英國的坎特伯雷主教學校和約克主教學校、法國的奧爾良和蘭斯主教學校，都因其校長和教師的學術水準高以及手抄書的數量和精美而頗負盛名。

　　教區學校設在牧師所在的村落，往往是附設在教堂的門廳或是牧師的家中，沒有專門的教學用房，學校規模很小，大多隻教授誦讀拉丁文的祈禱文和教唱讚美詩，極少數的學校教給學生一些計算知識。這種學校主要面向廣大平民的子弟，社會上有地位、有錢人家的子弟是決不會進教區學校學習的。

中世紀早期對女子教育的目的是：教育所有的少女具有獻身於基督教的理想，禁絕她們的一切自由，壓制其個人自我表現。少女不許使用化妝品或靠其他方法使自己的身體富於吸引力。基督教徒對肉慾深感恐懼，極力加以抵制，所以嚴格限制教會裡的婦女們。少女們的教育主要是學習女紅、行為規範、道德品行，還要背誦讚美童貞和母愛的聖詩與格言。音樂教育局限在聖詩和讚美詩的範圍內。女孩子的教育大多在家中進行，少數在女修道院裡接受教育。

## ▶ 騎士教育

騎士，原本指最下等的封建貴族。但就廣義而言，封臣是封主的騎士。不同等級的封建主也就是一些大大小小的騎士，國王是騎士中的最高總代表。騎士一般是職業軍人，騎士制度是以封建等級為基礎的，以武力維護封建制度的軍事武裝體制。

騎士教育沒有專設的教育機構，也沒有專職的教育人員。騎士教育是在生活和社交活動中進行的。騎士的標準是剽悍勇猛、虔敬上帝、忠君愛國、寵媚貴婦。騎士的職業是戰爭，而封建社會早期，軍事技術落後，戰爭的勝負取決於單個武夫的勇敢和力量。所以騎士一定要具備尚武精神。戰時騎士們身穿甲冑，騎馬佩劍，臨敵衝殺，以決雄雌。平時

則以狩獵、比武為消遣。騎士們講究信譽，以說謊為恥，以違約為辱。為維護自己的名譽，他們不惜以死來決鬥。敬重貴婦也是騎士的重要品質。貴族主婦往往是騎士年輕時的教育者，騎士對貴婦人的特殊感情稱之為「騎士的愛」。騎士須為主婦效勞，俯首聽命，甘冒風險，甘受折磨，以貴婦為崇敬的偶像，這種風尚逐漸形成所謂的「騎士風度」。

　　騎士教育的實施大致分為三個階段。封建主的孩子在七八歲以前，在家裡由母親負責撫養和教育，主要內容是初步的宗教教育、道德教育和身體的養護。七八歲以後封建主將自己的長子送入高一級封建主的宮邸中接受教育。國王和大臣的兒子則在自己的宮廷中接受教育，有的也送到下級封臣家中去接受教育。兒童在高一級封建主家跟隨著貴婦和貴族學習生活十四年，又分為兩段。七八歲至十四五歲為禮文教育階段。這時期，兒童跟隨貴婦做侍童，在侍奉主人和主婦中，學習上流社會的各種禮節和處世之道，有時也學習吟詩、唱歌、彈奏樂器，用以歌頌主人的軍功和主婦的賢德與美貌，目的在於養成對領主的服從和敬仰。主人往往委派他人對侍童進行騎馬、游泳、角力等訓練。

　　從十四五歲開始進入侍從教育階段。開始跟隨主人學習「騎士七技」，即騎馬、游泳、投槍、擊劍、打獵、弈棋和吟詩。同時他要為主人司理衣物，為主人保管和擦拭武器、

盔甲。在戰時，隨主人出征，在實戰中學習作戰本領。主人臨危時，侍從要幫助他脫險。從人還要為主人鋪床、收拾臥具、準備膳食、看顧馬匹等。平時閒下來還要陪主婦弈棋、散步。在這階段的後期，未來的騎士還要接受所謂的「戀愛教育」。他們可選擇一位年齡稍長的婦女，用吟詩、跳舞等形式向她表示愛慕，不論婚否，都須誠心相愛。

侍從教育在二十一歲時結束，須舉行隆重的授職典禮，然後授以騎士稱號。典禮包括齋戒、祈禱、牧師祝福等宗教儀式，再宣誓，最後接受騎士的象徵 —— 劍與盾。從這時起意味他步入成人時期，被貴族社會所接受，並開始為其領主服務。

騎士教育的宗旨是訓練能保護封建主利益的武夫，其內容雖也注重培養宗教道德品格，但主要目的是養成軍事征戰能力，所以騎士教育對讀書、寫字、計算等不重視，一般說封建領主文化知識貧乏，還有不少是目不識丁的。中世紀前期不少檔案上騎士簽名時都由牧師代簽。騎士制度發端於西元 9 世紀，從 11 世紀末到 13 世紀十字軍戰役時期為最盛，後來由於新式武器如大砲及火藥的廣泛使用，騎士的作用相形見絀，騎士教育制度也就逐漸衰退了。

# 拜占廷帝國的學術環境

　　西元 395 年羅馬帝國分裂為西羅馬帝國和東羅馬帝國，基督教也相應地一分為二。西方教會稱羅馬教會，東方教會稱希臘正教，也稱東方正教。東羅馬帝國以巴爾幹半島為中心，屬地包括東歐、西亞和北非東部，君士坦丁堡是東羅馬帝國的首都。因君士坦丁堡是古希臘的移民城市拜占廷的舊址，故東羅馬帝國又稱為拜占廷帝國。

　　拜占廷文化和教育在中世紀前期的歐洲占有重要的地位，它的發展水準遠遠超過西歐，對基輔羅斯、保加利亞和南斯拉夫各族都有巨大的影響。西羅馬帝國和東羅馬帝國雖然宗教上都信仰同一個上帝，都以《新舊約全書》作為信仰的依據，但是由於它們各自文化背景不同，社會經濟狀況不同，形成的政權形式不同，所以它們的神學思想存在很大區別，在文化教育上也有很大的差別。要了解拜占廷教育的特徵，一定要先研究這些相關領域的內容。

## ▶拜占廷的社會和文化特點

拜占廷帝國具有多樣性的經濟形式。農業的主要生產者是自由隸農。他們擁有自己的家宅和生產工具，其子女在父母去世後可繼續耕種父母的份地，雖然隸農要向土地占有者繳納一定數量的實物地租，並要負擔十分繁重的勞役，但這與奴隸制生產關係相比，還是有很大的進步。同時帝國各地還存在著相當數量的自由農民，經營著小塊土地，這幾種類型的農民正是帝國統治和社會賴以穩定的重要基礎。由於農民對於自己財產和土地的觀念不同於奴隸對於奴隸主的土地和財產的觀念，所以游牧的蠻族無法深入拜占廷地區而能夠深入羅馬帝國的西部，這也正是東羅馬帝國雖也經歷了奴隸起義，外族外侵的打擊，卻沒有滅亡，能夠支撐下來的重要原因之一。

拜占廷帝國保留有古代的城市。這是因為日爾曼人沒能把戰火蔓延到拜占廷帝國境內，帝國內原有的大小城市受戰亂的破壞不大，城市中的手工業和商業仍然保持繁榮，首都君士坦丁堡不僅是帝國政治生活中心，也是工商業和文化中心。它在東西方經濟文化交流中起著很重要的作用，被稱為「溝通東西方的一道金橋」。城市中的世俗生活氣氛及城市經濟的特點能夠既有利於古典文化傳統的保持，又促進了科學技術的發展，這與西歐在西羅馬帝國廢墟上建立的封建莊園有著天壤之別。

　　拜占廷始終保持有一個既有教權又是統一的世俗政權。政府從工商業中得到大量稅收，足以召募僱傭兵維持官僚體制，用以鞏固政權。基督教成為羅馬帝國國教後雖努力設法左右王權，但在拜占廷，教會權力始終沒有能夠超越王權。拜占廷帝國的皇帝對教會擁有無上的權威，皇帝可以頒布神學理論，可以給教會規定法規，教會按照皇帝的命令召開主教會議，並由皇帝任命教會的高級神職人員。當然，拜占廷的基督教會仍然是帝國的精神支柱，皇帝把教會看作是鞏固王權統治的有力工具。在經濟上給教會各種權益，還支持東派教會與羅馬教會對抗，並以法律形式給修道院和修道士極高的特權地位。但他們這樣做的目的正像他們所說的：不僅是為了崇敬上帝，也是為了鞏固國家。當教會財產過多、勢力過大時，以皇帝為代表的世俗統治階級就透過種種形式如破壞聖像運動等活動來打擊教會過於膨脹的勢力，同時加強貴族的政治和經濟實力。因此，拜占廷教會始終依附於世俗王權，未能在政治、經濟和文化教育上占據壟斷地位。這正是拜占廷文化教育能高於西歐中世紀文化教育的重要原因之一。

　　拜占廷保留了希臘時代的文化。拜占廷地區，是羅馬帝國依靠武力所吞併的希臘語地區，例如君士坦丁堡就是希臘移民所建立的城市，這一地區曾創造出光輝燦爛的希臘文

化，無論在文學、藝術、哲學的領域中，還是在數學、物理和建築等方面都產生了一系列充滿想像力和務實精神的輝煌成果。羅馬帝國的統治者在這些希臘語地區，深深地被高度發達的希臘文化所折服。雖然這些地區在成為羅馬帝國屬地時吸收了羅馬文化的一些內容，但仍通用希臘語，而且保留了希臘人對人性的看法。這裡不十分強調人性的「原罪」，東正教教會對世俗事務干預程度比西羅馬教會小得多。拜占廷教會中繼續保持著用希臘哲學思想鑽研神學理論的傳統，這便使得拜占廷帝國能在一定程度上儲存和傳播了希臘文化。可以說在東正教教會中，其上帝的形象是按希臘文化的觀點勾畫在信徒面前的。拜占廷社會和文化上的這些特點，決定了當西歐宗教教育主宰一切時，世俗性文化教育能在拜占廷得到儲存與發展。

## ▶ 拜占廷的世俗教育

在東西羅馬帝國正式分裂之前，東部的教育就較為發達。帝國遷都君士坦丁堡後，採取尊師重教的政策，國家把教育作為一項重要的政務，皇帝君士坦丁鼓勵學者到君士坦丁堡講學，並授給教師一些特權。東部私人講學風氣也較盛行，這裡的學者大都繼承了希臘羅馬古典教育的傳統，用希臘語教學，講授修辭學、哲學等科目。既使是基督教的教育

家們，也多採用柏拉圖、亞里斯多德、坤體良等人的觀點來闡述基督教的內容。例如他們認為教育應重視對兒童道德品格的培養，而最好的方法是利用榜樣的力量去影響兒童。他們不贊成體罰，主張用鼓勵和獎賞來教育兒童，用嚴肅的目光來表示譴責等。

羅馬帝國解體後，拜占廷帝國的教育仍在原有的基礎上繼續發展。在西歐高等教育幾乎絕跡之時，拜占廷的城市中，高等學校還繼續存在。從古代直接承繼下來的雅典學院、亞歷山大里亞的醫學校和哲學學校、貝魯特的法律學校以及其他城市中著名的修辭學校，都是當時古典文化教育的中心，對拜占廷初期文化教育的發展起了重要的作用。但到西元 4 世紀，由於基督教勢力逐漸加強，出現排斥古希臘文化的勢頭，西元 4 世紀末在北非焚燒了亞歷山大里亞的圖書館。西元 415 年，主教西里爾遠唆使教庭殺害了著名的女數學家希伯蒂亞。西元 529 年，拜占廷皇帝查士丁尼下令封閉雅典學院，放逐了學院所有的教師和學者。雅典學院關閉後，君士坦丁堡便成為全國教育的中心，其中影響最大的是君土坦丁堡大學。這所大學成立於西元 425 年，由帝國政府直接設定，任務是為帝國培養具有較高教育程度的官員。學校邀請著名學者講學，由國家支付薪俸，而且免除教師的課稅負擔。西元 5 世紀時，曾有 30 多位教授在這所大學裡任

教，主持希臘語、拉丁語、演說術、智者派學說、法學和哲學等講座。學生修業五年，七藝為教學的基礎科目。西元 7 世紀時，君士坦丁堡大學的教學活動曾一度中斷。西元 9 世紀中期，研究古典文化知識的活動又活躍起來，世俗教育重新加強。西元 863 年，重建君士坦丁堡大學，任命著名的哲學家利奧（Leo）擔任校長。學校開設哲學、幾何學、天文學和語言學講座。利奧親自主持哲學講座，並開設數學、音樂、語法、法律、醫藥等科目，利奧還時常邀請著名學者來校講學，學校一時聲譽大起，慕名來此求學者不僅有拜占廷的各地青年，還有阿拉伯地區和西歐各國的青年。

10 世紀至 12 世紀，隨著拜占廷帝國的國力昌盛和海外貿易的繁榮，君士坦丁堡成了基督教世界最大的城市和文化中心，古代文化的發掘和研究之風達到了高潮。學者們將考據、校勘和傳抄的古代手稿，加以整理，編纂成書。大量古代著作，於十一、十二、十三世紀由威尼斯的商船載往義大利和地中海沿岸地區，對以後的文藝復興運動造成了積極的促進作用。

在拜占廷帝國，法學教育一直受到重視。帝國初期，不但在君士坦丁堡高級學校講授法學，而且在一些地方設有法律學校。以後，法學教育的興盛是和查士丁尼皇帝的立法活動相連繫的。西元 528 年，他任命了一個由法律專家組成的

十人委員會，經過多年努力，十人委員會編纂了《查士丁尼法典》（共 10 卷）、《法理元要》《法學總綱》和《法令新編》，統稱為《民法大全》。查士丁尼把推廣法律知識看作是鞏固自己統治的一個手段，因而重視法學教育。在首都和貝魯特，由國家舉辦法律學校，兩校的學習期限均為 5 年，西元 9 世紀末，國家舉辦的法學教育一度衰落，但是到 11 世紀又得到振興。

在拜占廷世俗教育體系中，私人講學占有重要位置，在各城市，特別是希臘古城市，私人講學之風特別流行。拜占廷的初級學校，一直保留著希臘時代的傳統，即多為私人設立的學校。在這些私立初級學校中，招收 6 歲～8 歲的兒童，講授正字法、文法初步知識和算術，以及荷馬史詩和聖詩集等初級讀物，還有不少學者，開設專門學科的講座，講授較為高深的學問。如哲學、語法學、修辭學、天文學、歷史學和法律學等科。著名學者利奧，在擔任君士坦丁堡大學校長之前，就曾從事私人講學。再如，著名哲學家米海爾·普塞魯（西元 1018 ～西元 1078 年）也曾招收門徒，講授哲學。

在拜占廷，私人開設的學校，注重傳授古典科學文化知識，在教學內容上與基督教會學校對峙，成為傳遞古典文化的重要橋梁，為繁榮世俗科學文化和教育事業做出了積極的貢獻。

## ▶ 拜占廷的教會教育

拜占廷教會重視辦教育。修道院學校最早就產生於拜占廷，以後才傳到西歐。但東羅馬教會與西羅馬教會在修道的理論和制度上有所不同。拜占廷教會修道制度注重祈禱、讀經和生產勞動，提供善行，不像西歐教會那樣實行極端的苦行主義。拜占廷教會也不像西歐教會那樣鄙視古典文化，他的教育有一個顯著的特徵，就是繼續保持用希臘哲學的觀點和論證方法來鑽研神學理論，探討神學問題。

修道院學校中，每個修士各居一室進行課經和學習，學習內容完全是宗教性的。修道院學校不僅訓練修士，還重視組織抄書的工作。修道院建立圖書館，專門收藏經書和謄寫書稿，不少修道院學校的藏書都十分豐富。

主教學校在拜占廷教會教育體系中占有重要地位。主教學校的主要學科是神學，但並不排斥一些世俗學科，尤其注重傳授一些古典文學知識和古代哲學知識。君士坦丁堡大主教學校是拜占廷最高級的教會學校，到這裡擔任教職的人，都要經過嚴格的專門考試。當時拜占廷教會的神學權威雲集於此，使這所學校不僅成為教會學校的最高學府，而且是最高的神學思想中心。它有權解釋教會的政策和教義。學生在這裡研究基督教經典，也學習古代哲學家著作。七藝和一些科學知識也列入學習內容。為了培養能言善辯傳教布道的教

會人員，學校也重視傳授講演術。

拜占廷的教會學校在一定時期和一定程度上儲存和傳播了希臘文化。但是，教會儲存傳播希臘古典文化，是利用希臘文化作為傳播基督教教義和鞏固基督教教會的工具，一旦希臘文化與基督教神學理論相背，兩者之間發生了不可調和的矛盾，教會便會採取一切手段對古典文化進行摧毀。前面提到教會焚燒亞歷山大里亞圖書館和封閉雅典學院便是明證。

在中世紀前期，當西歐的文化教育幾乎完全為教會壟斷、古希臘羅馬的典籍早已失傳、阿拉伯文化還沒有興起時，拜占廷帝國儲存與發展了古希臘羅馬文明。拜占廷的文化教育對東、西歐和阿拉伯文化教育的發展都產生過一定的影響。

## 阿拉伯世界的學術貢獻

### ▶阿拉伯國家及其文化

阿拉伯半島位於亞洲西南端，屬高原地區，絕大部分為沙漠和草原地帶。居民貝都因人以游牧為主。阿拉伯社會發

達較晚，西元7世紀初，伊斯蘭教產生之前，這裡還處在原始社會末期。當地的文化遠遠落後於相鄰的波斯、埃及和拜占廷等地。

游牧的阿拉伯人習性尚武，擅長辭令，感覺敏銳。雖然他們沒有自己的系統的書寫文字，也不懂文法修辭學原理，但騎在駱駝背上，他們能唱出動人的詩歌；歌頌生活，讚美戰爭、愛情和酒。那時的阿拉伯人沒有統一的宗教，他們崇拜各自部落的偶像，為爭奪牲畜、牧場、水源經常發生戰爭。

六、七世紀之交，阿拉伯半島處於社會劇烈變革時期。半島西部的麥加地處亞、非、歐三洲交通的樞紐，成為巨大的商業中心。穆罕默德（約西元570年～西元632年）出生於麥加的一個以經商為主的古萊氏部落。他結合猶太教、基督教的某些教義，假託天神——阿拉的名義創立了伊斯蘭教。伊斯蘭教以一神崇拜代替氏族部落的多神崇拜，以共同的宗教信仰把阿拉伯各氏族部落團結在伊斯蘭教的旗幟下，這就為打破原有氏族部落之間的壁壘，建立阿拉伯統一國家，奠定了思想基礎，穆罕默德以「聖戰」為鼓動，開始了統一半島的戰爭。至632年，阿拉伯半島大體上歸於統一。同年6月8日，穆罕默德在麥地那病逝。其後繼者稱哈里發，意為先知的繼承者。首任哈里發阿布·伯克爾（西元

632 年～西元 634 年在位）為滿足阿拉伯人奪取商路和肥沃土地的要求，也為了緩和內部矛盾，便迅速向敘利亞一帶發動了擴張戰爭，併成功地占領了加沙地區。在最初四任哈里發在位期間，他們都進行了不間斷地對外擴張戰爭。到奧瑪亞王朝（西元 661 年～西元 750 年）時仍繼續執行對外擴張政策。至西元 8 世紀前半葉，阿拉伯帝國疆域基本形成。它橫跨亞、歐、非三大洲，是當時世界上版圖最大的帝國。

阿拔斯王朝後期，由於統治者的窮奢極欲，各地人民紛紛起義。加之統治者內部權力鬥爭激化，使國勢衰敗，哈里發權力削弱。各行省總督和軍隊首領乘機擴大權勢，或割地自立，或直接控制朝廷。阿拉伯帝國分崩離析，是後由於外族入侵而滅亡。

阿拉伯帝國的歷史大致分為三個階段：穆罕默德和四位正統哈里發統治時期（西元 622～西元 661 年）、奧瑪亞王朝（西元 661～西元 750 年）、阿拔斯王朝（西元 750～西元 1258 年）。

阿拉伯 —— 伊斯蘭文化發軔於奧瑪亞時期，但重大的成就出現在阿拔斯王朝。從政治體制、經濟發展、社會制度，以及著名的「百年翻譯運動」，這些燦爛的學術成就和豐富多彩的藝術文化生活，構成了阿拉伯五百年文化的黃金時代。

　　阿拔斯王朝時，阿拉伯世界出現了三大文化中心，即巴格達、開羅和科爾多瓦。這三箇中心的文化繁榮時期出現的時間，先後不同，其所隸屬的三個阿拉伯王朝，也是各自獨立的。但是，從文化發展的情況來看，卻緊密相連，互相影響。其中開羅和科爾多瓦兩個文化中心，均出現在阿拔斯王朝時期，都深受巴格達文化中心的影響，可以說，這兩箇中心是巴格達文化中心所衍生出來的。

　　阿拉伯文化教育的發展與伊斯蘭教的興起有密切的關係。相傳穆罕默德時代（西元 570 ～西元 632 年），在擅長經商的古萊氏部落中能進行書寫的人也僅有 17 位，伊斯蘭教本身是在吸收了東西方宗教、文化的基礎上形成的，其特色是注重現世生活的價值，由此便也重視現世生活的知識，表現出對世俗文化教育的重視。所以伊斯蘭教對阿拉伯文化教育的發展，起子促進作用。伊斯蘭教有學識的傳教者除宣傳《古蘭經》和教義、教律學外，也注重傳授阿拉伯文學、歷史和自然科學的知識。伊斯蘭教還向學者提出教學的任務，如《古蘭經》中說：「不傳授知識而學習知識是違反神性的惡魔。」在阿拔斯王朝前期，哈里發馬蒙強調理性和伊斯蘭教義之間並無衝突矛盾，故而提倡教義和科學互相融合。在他的倡導下，當時首都巴格達成為東西方人文薈萃之地。

　　阿拉伯文化的主要成就表現在天文學、數學、醫學、文

學、哲學諸多方面，出現過像花剌子密（西元 780 ～西元
850 年）、拉齊斯（西元 866 ～西元 925 年）、伊本・西那（西
元 980 ～西元 1037 年）等世界著名的科學家。膾炙人口的
《天方夜譚》（又或《一千零一夜》）便是世界文學寶庫中的
一枝瑰麗的花朵。

阿拉伯文化在中世紀歐洲文化史上居於承先啟後、繼往
開來的重要位置。在內容上又融合了東西方文化，具有豐富
的蘊含。這就形成了阿拉伯文化在世界文化史上重要而不可
忽視的地位和作用。阿拉伯的教育，正是在這個基礎上形成
而發展的，反之它又推動了阿拉伯文化的興盛。

## ▶ 各歷史時期的阿拉伯教育

### 1. 穆罕默德與四位正統哈里發時期的教育（西元 622~ 西元 661 年）

伊斯蘭教產生以前，阿拉伯半島上的居民過著游牧的生
活，各部族使用自己部族的方言。他們沒有統一的文字，也
沒有統一的宗教。伊斯蘭教問世後，半島上各個阿拉伯部落
逐漸形成為統一的阿拉伯民族，阿拉伯語也就成為阿拉伯人
統一的民族語言和宗教語言。這為阿拉伯教育的發展提供了
良好的基礎。

伊斯蘭教產生以前，阿拉伯半島上沒有學校，更談不上
學校教育。伊斯蘭教創始人穆罕默德深知沒有文化的弊端，

故而十分重視和提倡教育，他號召穆斯林們努力學習文化知識。他說：「我受阿拉的派遣，負責宣傳正道、提倡學問的使命。」西元 624 年，在巴德爾戰役後，他下令識字的戰俘可以以教學來贖身，每教會一定數量的穆斯林讀書、寫字，他便可以解脫奴隸身分。當時，學習的主要場所在清真寺。清真寺裡教學的主要內容是頌讀、背記《古蘭經》和有關的宗教知識、禮儀。阿拉伯的教育從一開始就與伊斯蘭教及清真寺連繫在一起。對於穆斯林來說，清真寺不僅是神聖的禮拜場所，也是接受教育的地方。清真寺是阿拉伯歷史上最早的學校。

當時，有較高教育程度的是所謂的「聖門子弟」即穆聖的直傳弟子，他們跟隨在穆罕默德及哈里發周圍，見多識廣，這批人除抄錄天啟和錄寫「聖訓」及教人誦讀《古蘭經》外，還擔負著教授人們教律學、文學、歷史學等知識。哈里發歐默爾在位時，曾派聖門子弟、學者伊本・買斯歐德去庫法講學。伊本・買斯歐德在庫法從教幾十年，死後就埋在他居住的小屋裡。

在這個時期，阿拉伯的教育還處於萌芽狀態，教學多以宗教內容為主，水準也較低。據考證，當時識字的人並不多，推測其教學活動的範圍也不大。

### 2. 奧瑪亞王朝的教育（西元 661～西元 750 年）

西元 661 年，敘利亞總督利用第四任哈里發阿里被刺殺之機，奪取了哈里發的權位，在大馬士革建立了奧瑪亞王朝（西元 661～西元 750 年）。從此，哈里發不再經選舉產生，而由奧瑪亞家族世襲。奧瑪亞王朝旗幟尚白，在中國史籍中稱之為「白衣大食」。奧瑪亞王朝時帝國版圖已初具規模，城市生活繁榮，奧瑪亞的教育也以此為中心而迅速發展起來。

在城市中，主要學術活動分為三個方面：（1）宗教學，如經注、聖訓、教法等；（2）歷史學，如傳記、故事等；（3）自然科學與哲學，如醫學、化學等。但這個時期的學術活動並非屬分門別類、有系統的研究，絕大多數僅是記述、整理一些口頭傳說。這時期著述工作的範圍也不僅局限於天啟和聖訓之類，在語言、詩歌、格言、故事，宗譜、歷史等方面都已涉及到了。

社會上教育的主要場所仍是清真寺。隨著伊斯蘭教的發展，清真寺大規模的興建，每興建一所清真寺，便意味著一所學校的誕生，所以當時受教育的人日益增多。與此同時，在大片的征服領地，原有的學校極少受到破壞，仍照舊進行著教學活動。

哈里發麥立克，在宮廷裡為皇子們聘請了專職教師進行

講學，這就開創了阿拉伯宮廷學校的先河。以後貴族大臣效法宮廷學校，也常在府邸延聘教師，教育培養王孫公子。這一類的學校，課程以《古蘭經》為主體，配有詩歌、論辯術和歷史等知識的教學。為適應未來統治者軍事才能的需要，皇子與大臣的子弟到了一定年齡，還要被送往敘利亞的沙漠，在那裡學習騎術、射箭和狩獵，同時也學習純正的阿拉伯語及阿拉伯詩歌。

西元 8 世紀初，達哈克・本・穆扎希木在庫法創辦了阿拉伯歷史上第一所相當於中國「私塾」的教學機構——「昆它卜」。「昆它卜」意為受教育或教書的場所，以後逐漸發展成為阿拉伯的小學。

奧瑪亞王朝時期的教育與上個時期相比有了較大的發展，教學內容從以宗教為主，擴大到文學、自然科學。例如醫學、化學、天文學也逐步進入到一些清真寺的課堂裡了。

### 3. 阿拔斯王朝時期的教育（西元 750 ～）

750 年，穆罕默德叔父的玄孫阿拔斯起兵推翻了奧瑪亞王朝，開始了阿拔斯王朝。阿拔斯王朝是阿拉伯封建化時期，也是阿拉伯帝國文化、科學、教育發展的繁盛時期。

阿拔斯王朝前期政治穩定，生產發展，經濟繁榮，以巴格達、麥加、麥地那、庫法、巴士拉為中心的學術活動和研

究十分繁榮。阿拔斯王朝前期的統治者們十分重視文化教育事業，哈里發曼蘇爾（西元 754～西元 755 年在位）是最早重視學術研究的一位統治者。他本人除精通教法外，對醫學，特別是星相學和天文學也頗有研究。哈里發哈倫‧拉希德（西元 786～西元 809 年在位）修建了巴格達圖書館，在那裡收藏了大批戰爭中掠到的圖書。哈里發馬蒙在位時期（西元 813～西元 833 年）是阿拉伯——伊斯蘭帝國的鼎盛時期，更是文化教育發展的黃金時代。馬蒙本人博才多學，他酷愛希臘哲學，甚至作夢都夢見亞里斯多德。他派人去君士坦丁堡搜求典籍，並組織大批學者、翻譯家、抄寫人員將古希臘、羅馬、平議等地的古典著作譯成阿拉伯文，收藏在「智慧宮」中。當時的首都巴格達成為彙集世界古典文化遺產的寶庫。

西元 8 世紀中期，中國的造紙術傳到了阿拉伯，這為阿拉伯的教育發展創造了更為有利的條件。據記載，當時首都巴格達已有書店一百多家。

阿拔斯王朝前期，由於生產發展，經濟繁榮，交通暢通，國庫充盈，社會穩定，再加之學術活動的繁榮，使得備受重視的阿拉伯教育事業迅速發展起來。

西元 8 世紀中、後期，「昆它卜」式的小學已遍及阿拉伯帝國各地。社會上還設有私人的學館。這類學校課程

以《古蘭經》為核心，學生一面跟老師學習頌讀，一面學習神學教規以及穆罕默德的言行事蹟。此外，學生們還學習書法、語法、算術、詩歌等科目。授課的主要方式是背誦，學校中實行體罰和禁閉。在《詩歌集》中記述一個書院的學生捱打的情景：老師端坐講臺上，學生坐在周圍，老師斜目盯住一個學生，發現不軌行為後便叫打，以致這個學生自從進書院，天天逃學去。衣服解開了，外套扔一邊。眾人舉起鞭，幸好沒用棍，寶貝求師傅，再也不逃學。可見，教師的體罰是很嚴厲的。學校的繳費標準，沒有統一規定，主要由教師的經濟狀況而定。有的教師視教育為善行，而且其生計也有所保障，他們就不收取學費。如教法學家艾布·哈尼法是個布商，他的教學便是義務的。宗教學科的教師們多以施教為義舉和善事，也不收取學費。有的教師則收學費或實物，但數額都不高，一般每個教師對每個學生每週只收取很低數額的費用，不足部分由慈善家捐助。

阿拉伯帝國對教育採取的是自由化政策，初期除哈里發、王公大臣及富賈大戶，給有關的學者贈予外，沒有專門的教育經費。哈里發馬蒙看到捐贈難以保證學校教育的經常發展，遂創設固定的教育基金，使學校有較穩定的經濟來源。其他哈里發和富家貴族也都效仿，每設定一所學校，即同時籌集充足資金，並逐漸成為一種風尚。經費富足的學

校，還為學生提供一定的助學金。《古蘭經》與聖訓中都規定了求學問是穆斯林的天職，這使得教與學在阿拉伯帝國中成為每個人神聖的使命。教和學都不是一種純粹個人的行為，而是像戰爭一樣，是一種為真主而獻身的行動。所以，當阿拉伯人把教與學看作具有神聖意義的活動之後，所產生的精神推動力自然是很大的。這就形成了阿拉伯帝國內教育發展的兩大特點：（1）從哈里發到每一個穆斯林都重視教育，並盡每個人的力量支持辦學；（2）辦學特點民間化。

這時期阿拉伯帝國內普及宗教和文化知識的主要場所還是清真寺。一座清真寺，便是一座學校。西元 9 世紀時，僅巴格達一地的清真寺就多達萬座以上。清真寺的建築有三個基本要素：寬敞的庭院，遮風避雨的房頂和宣講臺。這些也正是教學活動所必須的物質條件。阿拉伯的清真寺從它建造的第一天起，就與教育結下了不解之緣。穆罕默德是最早提倡清真寺教育的人，他曾說過這樣的話：「進入清真寺教學或接受教育的人，猶如為真主而戰的勇士。」在阿拔斯王朝前期，清真寺已發展成為重要的文化教育中心。著名的學者、文人紛紛在清真寺內設座講學，傳授各種學科知識，吸引了大批學子。

清真寺教學的基本形式是「學習圈」，即教師坐在講臺上，或坐在座墊上，學生在他面前圍坐成半圓形，學生的

座次依資歷或學識排列。為鼓勵和便於進行學術交流，「學習圈」還專門為外地來訪的學者設有專座。「學習圈」的數目，視各清真寺的知名度及講學的學者多少而定。少則幾個，多則數十個不等。透過清真寺的教育，大多數人學會了讀書寫字，背記一些簡短的經文，為步入社會從事各種職業創造條件。一些有才學、有進取心的學生，則以治學為目的，從一個「學習圈」轉到另一個「學習圈」，甚至從一個地區轉到另一個地區不停地學習。聽遍各知名學者的講課，直至具備條件，自己能設座講學為止。阿拉伯初等教育的目標主要是陶冶性情，再向上的教育目標則側重傳授知識。

在一些大的清真寺裡，著名的學者、文人開設各種學術講座。這裡的講學氣氛十分自由，沒有統一的教學標準和要求，學者們各行其是。但能夠在這裡設座講學的人決不會是平庸之輩，他要經受嚴格的答辯，並接受學術權威們的考核後，方能設座講學，不學無術或只會照本宣科的人是無法通過這種考核的，學校招收學生並不強調出身。據史料記載，當時學生中有不少是家境貧寒，或出身下層社會的青年。他們發奮苦讀，終成著名學者。例如：著名的詩人艾布·阿塔西亞曾是一名陶瓷工；著名的文學家布·臺瑪術曾在清真寺當過送水的雜役；著名的大法官艾布·優蘇福小時候作過漂布工作；阿拉伯文化的傑出代表人查希茲曾賣過大餅等等。

　　阿拔斯王朝前期，教育尚未劃分出明顯的階段，一般兒童到 6 歲左右開始接受教育，所有的男孩（有錢人的女孩請家庭教師在家中施教）都要進學校學習。教學機構有「昆它卜」、私人學館，它們大多數是清真寺。當學到一定程度後，部分學生會轉到較大的清真寺或到有名氣的學者開設的學館裡，進一步學習《古蘭經》註釋及神學教規、聖訓。此外還學習語言、文法、文學、數學等知識。阿拉伯教育中文法學倍受重視，因為當時的人認為，阿拉伯文是所有文字中最完美的，正確地運用文字，是有教養人的主要標誌。學生具備相當的知識後，再要進行深層次學術研究時，便完全是擇師而學了。學生自由地選擇某位學者隨之學習，學完後還可再改學其他科目或另擇一師隨之學習，直到他認為可以了，便設座講學或按所學科目去從政、從醫、經商。按照阿拉伯人崇尚學問的傳統，能設座講學的智者是最受社會尊敬的。

　　「智慧宮」是哈里發馬蒙於 830 年在巴格達耗資 20 萬第納爾創辦的阿拉伯第一所官辦研究、教學機構。有的史書稱它是拜伊特‧勒‧赫克邁大學。這是一所集圖書館、翻譯局、研究院、高等教育為一身的綜合性學術機構。「智慧宮」裡設有兩座觀象臺，進行天文觀測，圖書館裡藏有從君士坦丁堡到塞普勒斯搜求到的所有古籍。柏拉圖、亞里斯多德、

古希臘名醫希波克拉底、伽林以及托勒密等學者的著作，均被翻譯成阿拉伯文收藏在此。據史書記載，哈里發馬蒙給予他的首席翻譯大師侯奈因的報酬，是與譯出書本同等重的黃金。從西元 8 世紀到 11 世紀，除了中國唐代外，世界上沒有一個地方比阿拉伯擁有更多的書籍。這些古典著作也是大學裡教學、研究最好的教材。「智慧宮」中培養出大批精通數學、天文學、哲學和邏輯學的科學家、哲學家和翻譯家。在「智慧宮」的啟發和影響下，原帝國境內各獨立的王朝也相繼建立了類似的研究機構，如法蒂瑪王朝於 1005 年在開羅建立了「科學館」（又稱伊勒姆大學）與「智慧宮」遙遙相對。這裡收藏的圖書也極為豐富。阿拉伯的圖書館不僅是收藏圖書的場所，它還擔負著出版、教學、研究等多重任務。圖書館裡聘請了學者進行譯著、註解，僱有錄士抄錄校對、裝訂成冊，圖書館的學者們在工作之餘還從事教學活動。不少學生在這裡求學，為此有的圖書館還準備了宿舍和膳食。學生們在這裡既有豐富的圖書資料，又有學者給予指導，從某種意義上說，這類圖書館已承擔了大學的工作。阿拔斯王朝前期，阿拉伯文化、教育及學術活動達到了登峰造極的程度。

　　阿拔斯王朝後期，位於東方的塞爾柱突厥人逐漸強大，他們也皈依了伊斯蘭教。11 世紀，塞爾柱人逐漸控制了已處

於分裂狀態的阿拉伯帝國，掌握了巴格達政權。哈里發任命塞爾柱軍事首領為攝政王，並賜予「蘇毋」（意為權威）稱號。這時的哈里發只保有宗教首領的地位，蘇毋掌握了軍政大權。這時伊斯蘭教教派對峙十分尖銳，主要是什葉派與遜尼派。

11 世紀～ 12 世紀，阿拉伯教育有較大的變化。首先是由政府出面，積極興建新型學校。其次是側重宗教神學的教學。

新型學校由國庫支付教育的經費，學校成為國家的機構，受政府的監督管理，這就變更了以往私人辦校和私人講學的傳統史書記載，新學校的創始人是宰相尼采毋。尼采毋於 1065 年在巴格達等城創設了一些新型學校，名為尼采米亞。這類學校相當於高等教育程度。設定這類學校的目的有兩個：傳播遜尼派思想，肅清什葉派影響；訓練文武職官，派往各地充當統治工具。尼采米亞學校的教師，由政府委任有學識有文化的人擔任，報酬優裕。學生經挑選後招錄，供應食宿。學生分兩科進行學習。一科傳授遜尼派宗教理論及神學、法學，培養與什葉派作鬥爭的人員；另一科傳授法律和世俗知識，培養軍政人員。學生畢業後任職政府和軍隊，職業有保障，待遇又豐厚，所以吸引了大批青年。新學校的建立與當時政派鬥爭緊密相關，所以十分注重傳授神學和法

學，一反過去傳授希臘學術的傳統。據記載，尼采母在建立尼采米亞的同時，封閉了「智慧宮」。尼采米亞學校以研究教律學和教義學最為著名。開設的課程有古詩、《古蘭經》、註釋學、聖訓學、法律學、修辭學、辯證學等。尼采米亞學校存在三百餘年，14 世紀末與其他大學合併。巴格達尼采米亞大學創辦後，各地紛紛效仿，不僅在西亞，在北非的開羅、亞歷山大里亞等地都設定了這類學校。

這一時期，國家也注意到初等教育問題，在不少地方設有初級學校。據說尼采母在伊拉克和庫蘭桑一帶的每個城鎮，都設有學校。

在尼采米亞學校廣泛設定的同時，伊斯蘭國家西部以哥爾德華為中心也興建了具有高等教育性質的學校。因西部政治派別鬥爭較少，其高等學校與尼采米亞式學校有很大的不同。學校中仍注重傳授天文學、數學、醫學、解剖學、化學和哲學。學校也仍為私立，不屬國家機構。這裡的學校規模較大，學生往往有數百數千，校外人士也可自由參加學校的學術討論，這些特點給西歐教育以很大啟示，對中世紀大學的興起有顯著的影響。

阿拉伯的教育理論，隨著學校教育的發展而逐漸成熟，出現了不少有一定影響的教育家。如教育家安薩裡（西元 1058～西元 1111 年），他在巴格達的尼采米亞大學任教多

年，被尊為當時的「以媽姆」（意為學術泰斗）。他在《聖
學復甦》一書中詳細地論述了教育方面的問題，提出了理想
主義的教育宗旨。他為學校工作制定了一系列的規章制度。
他以自己的經驗提出了不少教學藝術的理論。在《德行的權
衡》一書中，他提出因材施教、知行合一等教學原則，甚
至還涉及到智力與大腦結構的問題。安薩裡的教育理論涉及
面較廣，但不夠系統、深邃，這也正是阿拉伯教育理論的不
足，過於淺近平實。

## 中世紀大學的興起與發展

### ▶大學的產生

中世紀的大學是當時社會政治、經濟和文化發展的產
物。10 世紀～ 11 世紀，歐洲封建制度進入鞏固和發展時
期，封建王權強固，社會趨於穩定，農業生產出現穩步上升
的趨勢，手工業逐漸從農業中分離出來成為專門的職業。在
一些交通要道、關隘、渡口及教堂附近，逐漸興起市集，手
工業者聚居其地，形成了中世紀的城市。這些新興的城市大
都是經濟中心和文化中心。城市中的市民和工商業者要求學

習世俗文化以滿足政治經濟生活的需要。另外，經院哲學的發展、興起於阿拉伯的伊斯蘭文化以及十字軍戰役對中世紀大學的出現都有一定的影響。到 11 世紀，由於種種政治、經濟、文化條件的變化，原有的基督教學校再也不能滿足需要，於是，便產生了中世紀的大學。

12 世紀初，在義大利和法國出現了當時最早的幾所大學。

義大利北部和中部的一些地區，工商業發展較早，11 世紀就形成了一些城市。城市中王權與教權的鬥爭，城市與封建主的鬥爭，以及新興市民在處理工商業發展中的實際事務和解決財務糾紛都需要法律知識；這種處於複雜矛盾中的城市生活，使人們對法律知識發生了興趣。義大利的波倫亞一直重視羅馬法。12 世紀初，一位深諳羅馬民法的學者在波倫亞開始講授《查士丁尼法典》和《法學總綱》，許多青年前來聽講。於是，在這裡形成了一所法律學校。後來，學者們又把查士丁尼時代編纂的《民法大全》全部整理出來，加以介紹，民法便從修辭學中分化出來形成為一門單獨的學科。與此同時，宗教法學者格拉蒂安（Gration）彙集教會法令，於 1142 年編成教會法的教科書——《格拉蒂安法令》，教會法學也從神學中分化出來，成為一門獨立的學科。民法和教會法的學習，需要幾年的時間，以這兩門學科的教學為中

心，便組成了波倫亞大學，並於西元 1158 年得到政府的承認。13 世紀初，波倫亞大學的學生達五千餘人，教學內容日漸豐富和分化，除民法和教會法之外，後增設了醫學和神學，但仍以研究和傳授法律知識著稱。

義大利的南部那不勒斯附近的薩萊諾是個風景秀美的療養勝地。11 世紀初，猶太醫生阿非利加諾在這裡創辦了一所醫學校，講授希臘和阿拉伯醫學著作，傳授醫術。1099 年參加第一次十字軍東征歸來的諾曼底公爵羅伯特來此養傷。他和他的騎士們把薩萊諾醫學校的名聲傳至四方，使西歐各國的青年都來這裡學習醫學。學生們聯合起來，和醫師訂立合約，規定學生交納學費和醫師傳藝的條件，進行知識交易。12 世紀中期，薩萊諾醫學校發展為以醫學見長的大學，西元 1231 年得到了政府的承認。

波倫亞和薩萊諾大學是西歐中世紀成立的最早的大學。它們都是先由學者和學生們自己組織起來後才得到政府承認的。因此，它們對世俗政權和教會都保持著較大的獨立性，學生在學校中所起的作用也比較大。在波倫亞大學，因學習法律的學生年齡較大，較有主見，學校的校長由教師和學生共同推選產生，學生也可能擔任校長一職。學校中的規章制度、教師的聘用、學費的徵收、教學時間的安排等一系列問題都是根據學生的意見來決定的，因此，波倫亞大學習慣上

稱為「學生大學」。

　　巴黎大學也是在西歐中世紀成立的一所較早的大學，但它屬另外一種類型。巴黎大學是在主教學校的基礎上發展起來的、以神學著稱的大學，以後又增加了醫學和法學，再加上以傳授「七藝」為主的文科，共計四科。12 世紀 80 年代開始，法國國王和教皇競相承認巴黎大學，並授予學校很多特權。學校則利用國王與教皇、地方與中央之間的矛盾取得一定的獨立地位，但巴黎大學的校務是受校長和教授們決定的，因而有「先生大學」之稱。巴黎大學最盛時，學生達 5 萬人，分為文學、神學、法學和醫學四個學科，成為當時西歐大學的典範。

　　在這三所大學創辦之後，西歐各國大興辦學之風，13 世紀至 14 世紀時，政府和教會或則認可當時業已存在的學府升格為大學，或則設立新的大學。在英國，西元 1168 年牛津大學得到認可，西元 1209 年從牛津大學分出去一部分，設立劍橋大學。在義大利，西元 1224 年由政府和教會創辦了那不勒斯大學，13 世紀至 14 世紀義大利共有 18 所大學，法國 9 所，西班牙和葡萄牙共 8 所。英國除牛津、劍橋外，又於 15 世紀設立了 3 所。據統計，到西元 1600 年，全歐大學總數為 105 所。

## ▶大學的組織類型和特權

西歐中世紀大學的組織形式是在中世紀行會組織的影響下形成的。最初的大學稱為「教師和學生的團體」，按拉丁語「Universitas」一詞也是團體的意思，以後才用來專指大學。

中世紀大學領導體制有兩種類型：波倫亞型的「學生大學」，由學生出任校長，主管校務；巴黎型的「先生大學」，由教師出任校長，掌管校務。

中世紀的大學在社會上享有特權。大學享有內部自治權利。學校的事務由教師或學生組成的行會來管理，反對外界干涉學校生活。大學有裁判權，在校內設立特別法庭，當學校裡的人和外人發生訴訟時，均由大學設的特別法庭來審理，大學師生均可免除賦稅和免服兵役。大學還有遷移權。當大學與教會或城市當局發生矛盾，或受到干涉而得不到完滿解決時，學校可行使遷移權，搬出所在地。大學在政治、學術上有崇高威望，對城市的繁榮有重要影響，城市當局為了本市的利益，一般都對大學的要求作出讓步。西元 1209 年，牛津大學學生因涉嫌殺人罪，警察入校捕人，侵犯了大學自治權，學校當局與城市當局發生爭執，未獲解決，開始遷移劍橋，城市當局便同意讓步，已遷至劍橋的部分師生便組成了劍橋大學，成為英國第二所著名大學。但是，大學的

自治地位和特權並不穩定，它隨著社會各種社會及政治環境
變動的發展，在不斷地發生變化。

## ▶ 大學的教學與影響

　　中世紀大學，在入學時間和學習年限上沒有十分嚴格的規
定。最初教學均為單科，後逐步完善為文、法、醫、神四大學
科。學生進校後須先在文學科學習數年，主要內容為七藝及亞
里斯多德的著作，學完全部課程後，通過考試和公開答辯，就
可取得文科教師認可證書（文學碩士）。通過文科學習，既是
獲得文科教師職位的先決條件，又是進入專業學習的基礎。取
得文學碩士的人可以選學法律，醫學或神學，分科的專業學完
後，則可獲得博士學位，或教授認可證書。授予博士學位要在
教堂或校園外的場合舉行公開認可的隆重儀式。得主由同學、
親朋好友伴隨，以鼓手樂隊為前導，吹吹打打來到禮堂，先用
拉丁文發表演說、辯論，然後由轄區副主教頒給學位證書，最
後在象徵講座的椅子上坐下，以後便可以當教授了。最初的學
位都是為當教師的人準備的。後來，大學為了滿足不準備任教
學生的需要，增加了其他的學位，學位便成了具有一定大學教
育水準而欲謀職業之人的學業證明。

　　中世紀大學的教學方法主要是講讀和辯論。在印刷術傳
至歐洲之前，書籍靠傳抄，因而價格昂貴，購買困難。教學

時常由教師誦讀教科書原文及其註釋，學生記錄。有時老師也加以評論。辯論是由兩名或兩組學生對辯，以培養學生敏捷的思考能力和練習推理方法。

西歐中世紀的大學還不是現在意義上的大學，但它為近代的大學奠定了基礎。

中世紀大學的出現，無論是從組織上還是從思想上，都突破了教會對教育的壟斷局面，從而有益於世俗性文化的發展。雖然大學的教學內容有一定的神學性，教學方法較為繁瑣，但它畢竟研究和傳授了醫學、法學等世俗性的科學知識，動搖了傳統的盲目信仰，重視人們的理解能力，開啟了辯論的風氣。

中世紀大學為當時的學者們提供了活動的舞台，又培養了一大批新一代的學者，這為文化科學的發展提供了有利的條件，也為文藝復興時期的人文主義運動奠定了基礎。

## 城市學校與教育擴張

隨著城市和工商業的發展，傳統的教會學校已不能滿足新興市民的需要，手工業者和商人便開始進行反對教會壟斷

教育的抗爭，紛紛成立學校。由手工業者行會設立的學校被稱為行會學校。行會是城市手工業者保障自身利益的行業內部組織。行會中的正式會員稱為行東，行東之下有幫工和學徒。同一城市的同行手工業作坊主都必須加入各自的行會。欲從事某種行業的人也必須先加入某一行會。在行會所辦的學校接受藝徒訓練，學習讀、寫和計算技能，同時也接受宗教教育。教學是用國語進行的。學徒期滿後成為幫工，由師傅發給證書，幫工可在師傅的作坊中工作，也可以外出自由找工作，但一定要遵守行規。由商人們組成的行業組織叫基爾特，由其設立的學校稱為基爾特學校，與行會學校相類似，兩類學校都屬於初級學校性質。

11 世紀以後城市大量興起，市政當局為了滿足新興市民對文化的需求，便開始為學校籌建校舍，為教師捐贈薪資。在城市當局自設的學校中用本民族語言教授讀、寫、算的知識。城市學校從一產生便受到教會的反對，在鬥爭和妥協中城市學校得到了發展。到 15 世紀，西歐各大城市都建立了城市學校，併成為以後初等學校的基礎。

文藝復興與宗教改革的教育革新

# 文藝復興時期的教育

　　文藝復興運動始於 14 世紀，一直持續到 17 世紀初，點燃文藝復興火炬的是歐洲的人文主義者，人文主義思想主導了文藝復興的整個過程。人文主義的基本特徵是提倡以「人」為中心，反對以「神」為中心，這種新的文化觀大大啟發了人們的理性，衝破了封建與宗教的樊籬，影響遍及整個社會，教育領域也有深刻反映。可以說在文藝復興時期，「歐洲教育史上出現了嶄新的一頁」。

## ▶ 文藝復興時期教育的一般特徵

　　文藝復興時期的教育以新興資產階級的各方面需要為基礎，是資產階級教育實踐的肇始。就西歐各國來看，文藝復興時期的人文主義教育呈現出與以往截然不同的特徵。

　　人文主義教育的目標是培養身心全面發展的「新人」。這種思想來源於古希臘的身心和諧發展觀，但又不僅僅是對它的簡單恢復，而是植根和著眼於當時的社會需要。新興資產階級所要求的不再是具有出世思想的僧侶或神職人員，而主要是社會、政治、文化、商業方面的積極活動家乃至冒險

家。人文主義者順應社會潮流而提出了身心全面發展的培養目標，相對於中世紀宗教性、封建性的教育，這無疑是一大進步。

人文主義教育家重視人文學科，強調學習希臘、羅馬的古典作品，以人性和人際關係的學問作為主要的研究對象。智育的主要內容是傳授希臘和羅馬的文學作品，中世紀的「七藝」經過人文主義者的改造成為傳授人文之學的學科，並新增了歷史和道德哲學的內容。自然科學也被納入教學內容，但還不占主要地位。

人文主義者將宗教虔信與世俗道德相提並論，這雖然沒有擺脫宗教的束縛，但較之中世紀已是很大的進步，意味著世俗道德與宗教道德已經受到同樣的重視。人文主義者所提倡的世俗道德品格如堅強、勇敢、克制、樂觀、積極向上、熱愛自由、追求平等以及人道主義精神等，反映了社會新興階層的要求，具有積極意義。

人文主義者把體育放到了重要地位，這與中世紀有根本不同。教會視人的肉體為「靈魂的監獄」，反對與蔑視體格的鍛鍊。而人文主義教育要求體魄健美，這不僅符合古希臘的教育觀，而且適應了現實社會對「新人」的要求。

人文主義者強調環境的陶冶作用，主張建設優美的校舍；強調尊重兒童天性，教育應符合兒童身心發展特徵及其

個別差異，反對體罰，反對壓抑個性；崇尚自然，注重興趣和啟發誘導，提倡遊戲教學和直觀教學等。

文藝復興時期，教育對象的範圍有所擴大，這也促進了學校的發展。一些國家逐步建立了多種新形式的學校，例如，在文藝復興早期由義大利著名人文主義教育家維多利諾創辦的宮廷學校；1526 年由法國人文主義者創辦的「法蘭西學院」；16 世紀在德國出現的城市中學等。這些新學校重視對人文課程的教授，重視發展實用之學，洋溢著新鮮的人文主義氣息。

文藝復興時期的教育充分肯定了教育在培養新人方面的巨大力量與作用，擴大了教育實踐活動，初步探索與總結了教育本身的發展規律，在教育制度、教育內容、方法及組織形式等方面都取得了很高的成就，為近代教育制度的形成和教育學科的獨立發展奠定了基礎。儘管這一時期的教育也不可避免地有其自身缺陷和歷史局限，但作為近代教育的發端，文藝復興時期教育的進步意義是不可否認的。

### ▶人文主義教育思想家及其教育思想

文藝復興時期，許多人文主義者都十分重視教育問題，關心教育改革，提出了反映時代特徵的教育理論。他們的教育理論雖不成熟，卻閃爍著人文主義進步思想的光芒，推動

了文藝復興時期教育改革的程式。這一時期產生了較大影響的人文主義教育思想家有維多利諾、拉伯雷、蒙旦、伊拉斯莫、摩爾等。

維多利諾（Vittorino da Feltre, 1378-1446）是文藝復興早期著名的義大利人文主義教育家。1423 年，維多利諾應孟都亞公爵之邀，創辦了一所宮廷學校，他稱之為「快樂之家」。維多利諾認為良好的環境利於學生的身心和諧發展，因而將學校設於環境優美之處。他認為教育的目的在於培養精神、身體和道德都充分發展的人，因而學校注重智、德、體、美諸育的普遍實施；他認為教育應利於發展兒童個性，因而教師應注意學生的興趣，在教學中多運用直觀與練習；他為學生安排了廣博的課程，核心為古典文字和古典著作，也包括數學與自然學科。維多利諾學校教育的指導思想是，兼顧身心發展，德育與智育並重，兒童個性、人格的發展與他們的政治、社會責任感的培養相結合。文藝復興時期，維多利諾最早把人文主義教育理想付諸實踐，因此他被稱為「第一個新式學校的教師」。

拉伯雷（Rabelais, 1494-1592）和蒙旦（Montaigne, 1533-1592）是 16 世紀法國兩位著名的人文主義文學家，他們透過自己的文學作品，對舊式教育進行了激烈的批判，並提出了新的教育理論。拉伯雷的名著《巨人傳》講述的是一個在經院

主義者的教育下變得規矩、愚蠢、痴呆的王子高康大，透過接受人文主義者的教育而成為一個智慧、勇敢、健康的巨人的成長過程。在《巨人傳》中，拉伯雷辛辣地諷刺了中世紀的經院主義教育，提倡尊重兒童的人格，提倡啟發誘導，重視兒童的興趣和求知慾。他的教育目標是培養博學多才、活潑健康、道德高尚的新人。蒙旦的代表作是《散文集》，其中《兒童教育論》一文較全面地反映了他的教育觀。蒙旦認為，教育的目的是培養通達人情世故、善於處理公私生活、掌握生活藝術的貴族紳士。他大力抨擊經院主義學風，提出教育應注重培養兒童的思考力、判斷力和理解力；教學中要注意啟發，發展兒童的自動性和好奇心，使他們可以從觀察、活動中獲取知識；注重智育和體育的密切連繫，使兒童成為身心都得到充分發展的人。

伊拉斯莫（Erasmus, 1469-1536）是 15 世紀末 16 世紀初最具國際影響的人文主義學者之一。伊拉斯莫重視教育的作用，認為只有教育能給予人知識，養成人的善良行為與高尚思想；他初步探討了一些教育理論問題，提出教育的三因素是自然（兒童的稟賦）、教導與練習，並正確地指出後兩者的主導作用；伊拉斯莫主張兒童身心的均衡發展，重視體育的作用；在智育方面，伊拉斯莫重視古典文和古典文獻的學習，並提出了一些具體的教學建議；在教學方法上，他特

別注意培養兒童的記憶力，主張採用直觀教具進行教學；伊拉斯莫曾親身從事教學工作，並發表了很多教育論文，還編寫過拉丁文教材，這些教育實踐促進了歐洲中等學校教育的發展，加強了人文主義的影響。

摩爾（Thomas More, 1478-1535）是文藝復興時期英國傑出的人文主義思想家，西方第一個空想社會主義者。摩爾所著的《烏托邦》一書是空想社會主義的代表作之一，其中關於教育的描述反映了他的教育觀。摩爾主張普及教育，認為無論男女都享有平等的教育權利；提倡希臘和羅馬的文學與哲學，他為普通學校安排的教學科目包括讀、寫、算、幾何、天文、音樂、辯證法和自然等，其中尤為突出了自然科學的地位；他重視對兒童進行勞動教育，提出要發展成人教育；在教學方面，摩爾主張廣泛地採用直觀的方法。摩爾的教育思想雖然僅是空想而未曾付諸實踐，但其歷史進步性是顯而易見的。

### ▶宗教改革時期的教育

16 世紀，宗教改革首先在德國興起，這是繼文藝復興後歐洲出現的又一場反封建的文化運動。提倡改革的新教各派大多重視教育的作用，因此努力將各自的教育理念付諸實踐，這對歐洲教育的發展產生了深刻而廣泛的影響。

### ▶新教教派的教育改革

路德教派、加爾文教派和英國國教派是宗教改革時期新教的代表，三派對舊教教育均進行了不同程度的改革。

路德教派的旗手是掀開宗教改革序幕的德國神父馬丁・路德（MartinLuther, 1483-1546）。為了傳播新教教義，爭取更多信徒，路德極其重視教育，主張大力發展普及的初等教育。為獲得世俗政權的支持，路德提出，教育不僅利於教會，也利於國家，因此國家應掌握教育權，實施義務（強迫）的教育。此外，路德認為父母也應對教育子女負責，而教會更應積極地辦好學校教育。路德的這些主張對後來新教教會參與國家的國民教育事業和整個近代教育的發展是有深刻影響的。

路德教派為小學教育規定的內容是讀、寫、算與宗教四個基本學科（4R），此外還包括體育和音樂的教學，主要目的是為了使兒童能更好地誦讀聖經。路德本人尤其提倡學校開設語言學科及某些自然學科，他曾經將聖經譯成德文，這對德語的發展與普及造成了重要作用，也大大方便了學校的教學。

路德教派重視中等和高等教育，主張應按照社會發展的需要對其進行改革。路德教派的著名教育家梅蘭希頓（P.Melanchton, 1497- 1560）和斯圖謨（J.Sturm, 1507-1589）

先後新建與改組了一些中學和大學。例如，斯圖謨曾把原有的拉丁中學改組為一種新的古典文科中學（Gymnasium），雖然學校仍以古典課程為主，但採取了分級教學制度，按固定課程與教科書進行教學，這種學校成為後來德國中學的原型。

領導瑞士宗教改革的是加爾文派。加爾文派的代表人物慈溫利（Zwingli, 1484-1532）和加爾文（Calvin, 1509-1564）都很重視教育的作用，他們主張實施普及的、免費的初等教育，以「4R」為教育內容，強呼叫國語教學；在中等教育方面，加爾文派主張宗教思想與人文主義的結合，使科學知識占有比較重要的地位。加爾文派的教育主張在實踐中得以實施，並對其他國家的教育發展產生了很大影響，如由加爾文創辦的「專門學校」成為後來法國中等學校的雛形，並影響了荷蘭、英國、美國中等學校的發展。

1532 年，英王亨利八世與羅馬教廷決裂，宣布成立「英國國教會」，並自任首腦，開始進行自上而下的宗教改革。與路德派和加爾文派不同，英國國教不會太熱心教育事業，這使得英國的初等教育遠遠落後於其他新教國家。由於私人團體和慈善機構的資助，這一時期英國的中等教育有所發展，在英國享有較高社會地位的「公學」（Public School）就是宗教改革時期由文法學校改造而成的。

綜合來看，較之文藝復興，宗教改革對歐洲教育的影響更為深遠。雖然新教教育仍然保留了宗教在教育中的突出地位，仍然把知識、道德與宗教虔信作為教育的基本要求，其教育目的主要在於宣傳新教教義，但他們的教育主張和教育實踐順應了當時社會總的時代要求，推動了教育的普及，奠定了近代資本主義國家教育制度的基礎，在教育發展史上具有積極的意義。

### ▶耶穌會的教育措施

面對宗教改革的衝擊，天主教會也採取了反擊措施。在教育領域內有較大影響的是「耶穌會」。耶穌會是 1534 年由天主教徒羅耀拉（Loyola, 1491-1556）創立的，為了重新確立天主教的統治地位，爭取青年一代，他們十分重視教育工作，不惜巨資創辦了很多學校，傳播天主教教義，抵制宗教改革。

耶穌會的教育工作集中在中、高等教育方面。他們設立的學校稱為「學院」（College），分為初級部和高級部，初級部設六個年級，相當於中學；高級部（哲學部）相當於大學的文科階段，學限三年，有些學院還設有更高一級的神學部。耶穌會學校組織嚴密，重視吸納高水準的師資，以保證較高的教學品質，因而得到了上層社會的支持。

　　耶穌會學校要求學生絕對而盲目地服從教會，其教育目的極為保守。教學內容主要是拉丁文與希臘文，尤重拉丁文的寫作。為了適應時代風尚，耶穌會學校也開設歷史、哲學與自然科學等課程。在教學制度與方法上講求嚴密有效，重視教學的計畫性，嚴格規定教學日程和教學程式，並重視知識的檢查與複習，注意用競爭精神來刺激學生學習，因此教學水準和教育品質很高。耶穌會學校實行寄宿制，學校校舍優美，生活條件講究，教學裝置充足，學費低廉。但這類學校訂有苛刻的紀律，並且壓制學生的獨立思考，極力將學生培養成教會忠實馴順的信徒。

　　耶穌會學校主要在法國、西班牙等地盛行。18 世紀前的法國，中、高等教育大多由耶穌會所掌握，很多啟蒙思想家都畢業於這種學校。然而，正是這些偉大的學者給予了耶穌會及天主教會以重大的打擊，因此，耶穌會學校「就它的目的來說，還是走向自己的反面」。

近現代教育制度的全球視角

# 英國的教育演變

英國於 1640 年發動了資產階級革命，並於 1688 年實現了君主立憲制，以資產階級和貴族的妥協結束了資產階級革命。從此，在英國確立了資本主義制度。17 世紀以來，隨著資本主義經濟的發展，同時受文藝復興運動和宗教改革的影響，英國的教育有了一定的發展。18 世紀 60 年代前後英國開始了工業革命，促進了教育快速發展。這一時期，英國不僅開始注意初等和中等教育，而且採取各種措施發展職業技術教育，在高等教育中開展起「新大學運動」。到 19 世紀末形成了英國近代教育制度。

## ▶初等教育

在英國資產階級革命前，國內沒有完整的初等教育，社會上只有為僧侶和貴族所設定的高等和中等教育。他們的子弟在家中接受一定教育後便進入中學和大學。教會因宗教宣傳的需要只為貧苦兒童提供了一些十分簡陋的教區學校。還有一些由教會、民間慈善團體或私人開設的慈善性質的學校如「乞兒學校」、「貧民日校」、「勞動學校」、「感化學校」

等。這些學校數量有限，裝置條件簡陋，師資水準很低。英國執政者和社會上的傳統看法是：初等教育不是政府管理的事情，應由教會和慈善機構來辦理。

英國資產階級革命後，初等教育仍然由教會興辦和掌管。直到工業革命興起後，對勞動力提出了文化技術的要求，促進了初等教育的發展。這個時期英國初等教育的發展形式是多種多樣的。

## 1. 星期日學校的廣泛開設

1781 年，熱心於貧民兒童教育的傳教士羅伯特・雷克斯，仿照學校方式創辦了一種在星期日傳授宗教知識的班級，主要招收貧苦兒童，尤其是童工，在每個星期日來班上參加宗教儀式，學習宗教條文，附帶學些粗淺的讀寫知識。教師是幾位受過教育的婦女，並由教區內牧師派他們的助手巡迴視察。辦學三年，成績顯著。1783 年雷克斯在雜誌上撰文詳細論述了這種班級的學習情況和辦學宗旨，並定名為星期日學校（也有譯為主日學校）。這種學校，在星期日把貧苦兒童聚攏起來，既可防範、減少社會秩序的混亂，又可利用宗教宣傳塑造兒童。上層人士認為這是透過教化改良社會的良策，於是各地仿效，很快發展起來了。到以後還建立了「星期日學校協會」，要求每個教區至少設一所。19 世紀後

期，隨著正規小學的大量創辦，星期日學校才日益減少，並只限於實施宗教教育了。

## 2. 貝爾 —— 蘭卡斯特製的產生和發展

貝爾 —— 蘭卡斯特製是英國傳教士貝爾和蘭卡斯特兩人分別在英國的殖民地印度和英國本土上創辦的一種教學組織形式，又稱「導生制」。老師先對年齡大、成績好的「導生」施教，然後由他們再轉教其他的學生，代替教師的職責。有了導生做助手後，一個教師在一個教室裡往往能教幾百名學生。導生制教學優點很多：

1. 省錢。以導生代替教師，費用就大為減少。
2. 省師資。
3. 擴大受教育者的範圍。
4. 有助於兒童自我管理能力的培養。

因導生制有明顯的優點，很受社會重視。1810 年至 1830 年導生制在英國極為流行。導生制還傳到法國，1809 年，導生制被介紹到美國，蘭卡斯特親自到美國宣傳和推行導生制。但是導生制的教學方法呆板、機械，無法保證教育品質。1840 年以後導生制逐漸削弱。

### 3. 工廠法中關於初等教育的規定

1833 年，英國頒布了第一個工廠法，除規定了童工每天的勞動時間外，還規定在工廠內勞動的男女童工，每天應在勞動時間內拿出 2 小時接受義務教育，學習初步的讀寫算、宗教知識和道德教育。這項規定是強制性的，工廠主必須遵守。工廠法的頒布是英國初等教育的又一發展，它也為以後頒布「初等教育法」打下了基礎。

### 4.1870 年「初等教育法」頒布

19 世紀下半葉，英國資本主義經濟更加蓬勃發展，經濟的競爭要求更多的工人受教育。政治上的選舉制也要求選民應具有一定的文化知識，加之工人階級在鬥爭中開始爭取教育權，這一切使統治者認識到，初等教育在國家生活中的重要性，若還把初等教育視為單純的宗教慈善事業，政府不直接控制起來將對國家發展不利。因此 1870 年由國會正式頒布了「初等教育法」（又稱福斯特法案）。

初等教育法規定：

1. 國家繼續撥款補助教育，並在缺少學校的地區設定公立學校。

2. 全國劃分學區，由經過選舉產生的「學務委員會」來負責監督本學區的教育工作。

3. 各學區有權實施 5 歲～ 12 歲兒童的強迫教育。

4. 承認以前各派教會所興辦或管理的學校為國家教育機關。

5. 學校裡的普通教學與宗教分離。凡接受公款補助的學校一律不得強迫學生上特定的宗教教義課程，一般性宗教教學則須安排在首節課或末節課，以利於學生選擇聽課或不聽課。

初等教育法的頒布促使英國的初等教育得到很大的發展，在 1880 年正式規定初等教育免費就學後，適齡兒童入學率達 90%，各地紛紛建立公立學校。因此，初等教育法的頒布，代表著英國國民教育制度正式形成。

▶ 中等教育

英國的中學出現的較早，17 世紀至 18 世紀英國的中學有三種：

文法中學是從封建社會流傳下來的。文法中學的教學以古典語言和文法知識為主，教學使用拉丁文。畢業生一般進入牛津或劍橋大學，或者成為官吏、醫師、法官和教師等。資產階級執政後，文法學校的培養對象由原來的貴族、教士子弟擴展到大工業家、大商人、鄉紳等階層子弟，收費較

高。雖然文法學校為貧寒學生設有免費名額，但數額極少。

公學事實上是一種私立的寄宿學校。它興起於 14 世紀左右。這類學校因是由公眾團體集資興辦，培養目標以「公職」人員為主故而得名「公學」，公學的裝置條件異常優越，師資水準也很高，學費也很昂貴。到 17 世紀初僅有 9 所，19 世紀也不過 20 所～ 30 所。公學的在校學生人數也很少，一般僅 100 人～ 120 人左右。英國高級統治者大多出於公學。因此，公學對學生的身分要求很嚴，多為貴族與富有的大資產階級子弟。公學招收預備學校畢業生，經嚴格考試才得以入學，一般學習 5 年～ 6 年。教學內容原以古典文科知識為主，19 世紀初，增加自然科學和數學的內容。此外，公學還特別注意培養學生的紳士風度。公學一直保留至今，被視為英國人的驕傲。

阿卡德米是 17 世紀英國出現的一種新型的中等教育機構。這類學校重視自然科學及現代外語課程，應用英語教學。由於這種學校接近生活實際，具有實科傾向，適應了當時資本主義發展的潮流，受到社會歡迎，中層社會的平民子弟入學者居多。18 世紀後期，由於實科中學的興起，這種學校才消失。

產業革命後，原有的中等教育已不能滿足現代資本主義發展的需要了，1861 年國家組織了「王立公學調查委員會」

對九大公學進行調查，並提出了改革建議。1864 年又組織了「中學調查委員會」，在調查的基礎上提出了按社會層次開設三類中學的建議，因其表現出露骨的不平等性未被議會通過。但對以後英國中學形式的發展產生了不小的影響。

## ▶ 高等教育

英國在繼牛津、劍橋兩所貴族大學後又在蘇格蘭、愛爾蘭陸續建立了一些大學，到 18 世紀末共有 7 所大學。以牛津、劍橋為中心的古典大學，其教學內容主要是古典文學和神學。到 17 世紀末 18 世紀初，英國哲學家培根的唯物主義和牛頓數學、物理學成就對大學教學內容的改變產生一定影響，開始設立自然科學的講座。牛頓擔任劍橋大學數學教授講座達 30 年之久，使劍橋成為培養第一流數學家的搖籃。

19 世紀，英國出現了新大學運動。由詩人湯瑪斯・凱普貝爾提議，一些學者與開明資本家和非國教派人士於 1828 年在倫敦創辦了一所具有民主主義、自由主義精神的新大學 —— 倫敦大學學院。不久，宗教派也建立了「國王學院」，在競爭中促進了高等教育的改革，1836 年經協定合併為倫敦大學。新大學運動也促進了各地方大學的誕生和發展。這些新大學的特點是：不受宗教信仰的限制，重視科學技術教育，與社會生活連繫緊密，如重視商業科目教學，學

費較低。進入新大學的多為工商業資產階級子弟。

在新大學運動推動下，牛津、劍橋兩所古老大學也開始進行改革：建立了新的學校領導機構「校務會」，取消大學教職員的宗教限制，增設近代科學專業，重視自然科學的教學，建立了榮譽學位制和導師制等。

## 美國教育體系的發展

美國教育的歷史是從歐洲移民，特別是英國移民定居美洲後開始的，僅有二三百年的時間。17 世紀三四十年代，大批的英國移民開始來到北美洲，1763 年英國排擠了其他國家的殖民勢力，建起了 13 個英屬殖民地。據 1790 年統計，當時美國的人口中，英國人占 83.8％。殖民地上的人民很快與宗主國英國政府間發生了矛盾，1775 年開始了北美殖民地的獨立戰爭。1776 年 7 月 14 日通過《獨立宣言》，宣告了美國獨立。原來的 13 個英屬殖民地成為美利堅合眾國最早的 13 個州。獨立後，美國資本主義日益發展，1807 年開始產業革命，到 1860 年時，美國資本主義工業發展已躍居世界第四位。但南北部經濟的發展不平衡，南部奴隸制種植園經濟嚴重阻礙了北部資本主義經濟發展。1861 年至 1865 年爆發了

南北戰爭，結果是北方獲勝。從此，美國資本主義迅速發展起來，到 19 世紀末，美國在資本主義各國的經濟、技術發展中，都處於領先地位，美國教育制度的確立與發展和美國歷史的發展是相適應的，習慣上分為三個歷史階段，即殖民地時期、獨立後至南北戰爭前、南北戰爭後三個歷史階段。

## ▶ 殖民地時期的教育

17 世紀前半葉，一批批英國移民來到美國北部，以馬薩諸塞為中心定居下來，統稱為「新英格蘭」。移民中絕大多數是在英國受到宗教迫害的新教徒，主要是清教徒。這些人是為了尋求在本國所沒有的宗教自由和政治自由而來美洲的。他們定居下來後的首要工作就是建立自己的教會，並按英國的傳統，由教會掌管教育。清教徒主張每個人都可以透過閱讀《聖經》而直接與上帝溝通心靈，否定教會的權威。所以，他們重視教育，鼓勵教民透過自己的閱讀和書寫來領會《聖經》和教義。這樣，清教徒們一邊建教堂一邊建校舍，北部的教育很快就發展起來了。

初等教育主要是仿照或移植英國的婦女學校，開設了讀寫學校。婦女學校是由一些有知識的家庭婦女，在家務之餘，利用自家的房舍召集一些孩子進行簡單的宗教教育和認讀教育。讀寫學校除教讀寫外，也有教算術、拉丁文、希臘

文的，依教師的水準而定。這些學校都是私立、收費的。以後鄉鎮給予一定的幫助。但因經費問題，學校都較簡陋。

　　中等教育是仿照英國文法中學而設立的拉丁文法中學。主要學習拉丁語，因為它是當時研習學識和宗教活動所必用的神聖文字。在學習拉丁文之外，也學習一些實用科目如商業算術、航海、測量學等。1700 年，北部已有 39 所拉丁文法學校。

　　北部的移民，為了在新大陸實現自己的宗教理想，也希望透過教育提高個人的社會地位，於 1636 年通過決議建立大學。他們用當年稅收的一半，仿照劍橋的伊漫努爾學院建立了清教徒的高等學校。1638 年因接受牧師約翰·哈佛的大量遺贈而定名為「哈佛學院」。1640 年正式上課。

　　北部的移民出自宗教、文化、經濟上的原因對教育十分重視。 1642 年馬薩諸塞頒布了強迫教育的法令，1647 年予以補充，規定每達 50 戶的居民點，應由居民出資請一位教師任教；100 戶以上的居民點，必須創辦一所文法學校，否則將處以罰款。

　　17 世紀上半葉，也有一批英國移民來到美洲南部，移民中大多是農民和一些地主他們是聖公會派教徒。他們移民美洲的主要目的是希望能賺錢、發財，對教派之爭和如何儲存、發展英國文化不感興趣。在南部引進了菸草和黑奴後，不少人都發了財，當上了有錢的種植園主。種植園主子弟的

教育承襲著從英國移植來的紳士教育模式。他們請家庭教師為自己的孩子提供大學前的預備教育，孩子長大後便送去英國讀公學和大學。種植園主家中一般也都藏有豐富的書籍，以提供個人教育的需要。1693 年南部建立了威廉 —— 瑪利學院，主要目的是進行宗教教育，最初只具中等教育程度，後有所發展，但上層人士子弟大多仍去英國接受高等教育。社會上為孤兒和最貧窮的兒童創辦了慈善性質的初等學校，其目的是為了使這些孩子將來不要成為社會負擔或異教徒。教學也只是傳授最低限度的生活知識和宗教知識。另外還有一些是學徒制式的教育。貧民的子弟在手工工匠家接受衣、食、住，接受一些宗教知識和讀書寫字的教育，同時無償地為師傅們幹各種勞動和家務，直到 20 歲左右。以後學徒制幾乎成為南方下層教育的唯一方式。

位於新英格蘭與南部殖民地之間的紐約、紐澤西、賓夕法尼亞等地為中部。中部移民與南北兩地不同。這裡移民稍晚，而且混雜。其語言、宗教傳統、文化背景都不一樣。人們各自生活在自己的群體中，力圖保持與他人的和睦相處，並希望透過對別人的尊重換取別人對自己的放任自由。中部的商業、貿易很發達，所以思想也最活躍，最解放。中部的人們興趣主要在宗教和經商方面，學校教育的主要形式是教區學校。因為教區學校既實施宗教教育，也傳授一些閱讀、

書寫和計算，能適應當地人們的需要。中部教育發展後，所形成的教育制度也是多種形式的，有各種不同語言、不同種族的學校。學校教學內容側重實用知識，所以中部最早出現了與生活連繫較緊的文實中學。1751 年富蘭克林與友人在費城創辦了費城文實中學，學校開設了不少近代實用性課程，招收 8 歲以上已完成初等教育的兒童入學，學制 6 年。以後文實中學逐步發展，支配美國中等教育近一個世紀。

到 1769 年，美國共有 9 所殖民地大學，其中 5 所在中部，南部 1 所，北部 3 所。

美國建國前 13 個殖民地因移民的宗教信仰、文化背景及當地經濟發展的不同，所形成的教育也有較大差異，但無論北部、南部或中部，殖民地時期的教育都具有一大特點，即教育制度主要是宗主國英國教育的移植。

## ▶ 獨立戰爭到南北戰爭時期的教育

1776 年至 1783 年，美國經歷了 7 年獨立戰爭。戰爭使得財政困難、政局動盪，教育一度出現衰落現象。獨立後的美國政府一直重視作為人們「追求幸福」的必要事業——教育。第三任美國總統傑弗遜在演講中說：如果一個民族指望在文明國家中既愚昧無知而又自由的話，那麼他所期待的必然是一種過去從沒出現，將來也不會出現的情況。

　　美國 1785 年、1787 年的土地法中規定，政府贈送一定數量的公地給新建的並加入聯邦的州，各州可用公地所得的土地稅創辦學校。憲法及憲法修正案中又將教育權明顯地歸屬於地方（主要是州）。這些都鼓勵、支持了各州自辦教育的積極性。另外，憲法上規定了宗教信仰自由，使得美國教育擺脫了教會的控制，對以後形成的帶美國特色的近代學制有很大的影響。

　　初等教育在 1820 年代之前，主要仍是引進英國各種慈善性質的初等學校。首先是仿照英國建立了美國的星期日學校，在 1800 年至 1820 年間，星期日學校對美國初等教育發展發揮了很大作用。隨著初等教育的發展，師資出現緊缺，1860 年英國的導生制又傳入美國。蘭卡斯特本人在 1818 年親自到美國來宣傳他的教育方法。

　　19 世紀 20 年代，美國掀起了公立初等學校運動。各地廣泛建立由公共稅收維持、行政機關監督、向所有兒童免費開放的初等學校。

　　公立學校運動產生並迅速傳播的重要原因，一是因為美國民主潮流的影響。選舉制要求選民都要具有一定的文化程度，工人階級的活動也發展到爭取教育平等權力。二是工業革命的需要。蓬勃發展的工業革命對勞動力提出了文化教育的要求，同時也為公立學校的建立奠定了物質基礎。20 年代以後，美國出現了大批適齡兒童湧入初等學校的熱潮。馬薩

諸塞州教育委員會第一任祕書（相當教育廳長）賀拉斯·曼大力推倡公立學校，被稱為「美國公立學校之父」。美國公立學校的建立不僅奠定了美國資產階級教育制度的基礎，也成為美國普及義務教育運動的開端。

由於初等教育的迅速發展，引起了師資的需求，由此帶動了美國師範教育的發展。1839 年，由於賀拉斯·曼的努力，馬薩諸塞州建立了美國第一批公立師範學校，到 1861 年達到 12 所。

獨立後的美國中等教育一方面保留著原有的拉丁文法學校，另一方面推廣文實中學。因為文實中學兼顧了傳統的古典教育與實用的科學教育，兼顧了升學和就業，很受社會歡迎。1800 年已有 100 所，幾乎各州都辦有這種學校。

美國高等教育在這個時期發展不是很快，18 世紀末有 27 所學院或大學，但規模很小，大多受教派和私人控制，只有 4 所州立大學。

## ▶ 南北戰爭後的教育

南北戰爭後，美國徹底擺脫了殖民主義的束縛和壓制。隨著工、農業的迅速發展，教育也進入高速發展時期。到 19 世紀末，美國已基本上確立了包括學前教育直到高等教育的完整的教育制度。

　　初等教育主要在公立和普及兩方面發展。南北戰爭前，只有馬薩諸塞州和紐約州頒布了義務教育法。南北戰爭後，各州先後仿效，到 19 世紀末已有 2/3 的州頒布了義務教育法令。各州實施義務教育的年限不完全相同，多數為 8 年。1918 年、1919 年，密西西比州與亞拉馬巴州最後通過義務教育法。至此，美國用了 60 多年的時間基本普及了義務教育。初等教育的課程設定中，讀、寫、算占總學時的 80%，另外還設有自然常識、史地、音樂、體育等課程，有的學校還設有衛生、縫紉、烹飪等。

　　這個時期，中等教育發展的趨勢是公立中學。在 19 世紀 20 年代掀起的公立初等學校運動中，大批兒童接受初等教育後，要求繼續學習，相應的公立中學開始興起。特別是 1872 年密執安州最高法院作出關於可以用地方稅收辦公立中學的判決後，各州的公立中學迅速增多，逐步取代文實中學，成為美國中等教育學校的主要類型。

　　美國中學學習年限歷來各州不等，但自公立中學產生後，一般為四年制，構成美國普通教育的八四學制（即小學八年，中學四年）。1888 年哈佛大學校長艾立特首次對八·四學制提出了批評，經過社會各界的醞釀和教育家們的論證，到 20 世紀初形成了六三三學制。即小學六年，初中三年，高中三年，使原來小學的後二年與原來中學的頭一年合

併為初中，原來中學的後三年改為高中。以後美國的學制大多為六三三制，也有的州保留八四制和實行六六制的。

大專院校在這個時期的發展一方面朝著為工農業生產服務的方向前進，建立了農工學院；另一方面則朝著發展學術的方向前進，建立了約翰‧霍普金斯大學。在這兩大浪潮之中，很多新院校問世了，很多舊院校也得以改革。

還在戰爭中，1862 年，國會通過了《毛銳爾法案》，規定各州凡有國會議員一人，便由聯邦政府撥給土地 3 萬英畝，用其收入創辦一種新式學院 —— 農、工學院，培養發展工農業所急需的專業人才。這種學院修業一般四年，招收學生不分男、女，課程設定聯結社會和工農業經濟發展的實際需要。新學院扭轉了鑽研理論而鄙視生產的大學傳統，使美國高等教育走上「民主化」的道路。

與此同時，美國誕生了另一所新型大學 —— 約翰‧霍普金斯大學。它代表了面向學術研究的高校發展方向，主要是受德國大學的影響。大學初創時曾從德國請來著名教授 6 人，側重於研究生的培養。大學設定了多種授予學位的科系，引進了許多水準高深的新科目。霍普金斯大學雖創設不久卻在美國大學中後來者居上。該校後來湧現出不少美國的傑出人士如總統威爾遜、教育家杜威、哲學家羅伊斯、歷史學家泰納等等。同時期美國不少的大學也都以德國大學為範

例從事校政建設和教育改革，大學開始兼顧教學和研究雙重任務，成為名符其實的最高學府。

到 19 世紀末 20 世紀初美國已逐步形成了具有本國特色的教育制度。學校以公立為主，各級學校相互銜接，單軌的學制。教育表現出分權、自由、普及、無宗教派別限制等特色。

## 日本的學習傳統與現代化

### ▶明治維新前日本教育概況

日本是亞洲第一個走上資本主義道路的國家。在日本的歷史上，自西元 646 年大化革新進入封建社會，到 1868 年明治維新是長達 1200 年的封建社會時期。在封建社會末期，日本的教育主要分幕府、藩國和民眾教育三等。

幕府指日本封建軍事貴族獨裁時的權力機關。幕府直轄的教育機構有 1631 年成立的昌平坂學問所，以傳授儒學為主；有 1793 年成立的和學講習所，只傳授國學；此外，還有 19 世紀上半葉陸續開設的開成所、醫學所、講武所、操練所等，以傳授蘭學為主。

　　藩國指日本地方封建主的領地。在藩國設立的教育機構稱為藩學或藩校。它主要傳授儒學和武藝，西南部的藩學也介紹一些數學和外國語。但是無論是藩學還是幕府直轄的教育機構，在吸收「蘭學」時，都排斥西方資產階級的社會政治學科知識，因為那被認為是異端邪說而明令禁止。

　　民眾教育機構較多，有鄉學、寺子屋和私塾等。鄉學是為下級武士子弟或平民子弟設立的學校。它比較簡陋，側重思想道德教育，培養馴服和勤勞的順民。寺子屋在封建社會後期是為平民子女設立的世俗性的初等教育機構，學習簡單的讀、寫、算知識。私塾是學者個人收徒授業的，有的還以傳授一家之說而聞名。

　　明治維新前的日本教育與同期東方國家相比是走在前列的。1868 年統計，日本全國有藩學 240 所，課程中開設數學課的 141 所，開設「洋學」的 77 所，開設「醫學」的 68 所，開設「天文學」的 5 所。學校中較為重視自然科學知識的傳授，並聘有不少西方學者任教。初等教育的普及程度也較高。據統計，幕府末期大約有 20％的平民粗通文字。京都、大阪、扛戶三大城市的市民文化水準和「洋學」知識走在全國前列。但是，如果和同時期西方發達的資本主義國家相比，日本的教育還是遠遠落在後面的。

## ▶明治維新時期的教育改革

### 1. 明治維新教育改革的指導思想

　　「明治維新」指日本於 19 世紀後半葉，明治天皇在位時期，從封建社會進入資本主義社會的資產階級改革運動。1868 年成立了大地主、大資產階級聯合執政的天皇制的明治政府。明治政府成立之初，立即開始在政治、經濟、軍事和文化教育方面實行一系列改革，以維護民族獨立，發展資本主義。

　　明治維新時期提出的改革口號是：「富國強兵」、「殖產興業」和「文明開化」。1868 年 3 月，日本天皇頒布的「誓文」中講道：「破從來之陋習」，「求知識於世界」，這些都成為日本改革封建舊教育，興辦資本主義學校教育的依據。

　　在教育方針的制定上，國學派和洋學派經過激烈的爭論後，確定了推行教育改革的三點方針：一、為提高國民知識水準，普及初等教育；二、為培養科技指導人才，創辦科技教育機關；三、透過教育迅速掌握攝取來的歐美先進科學技術。

### 2. 明治維新教育改革的主要措施

　　根據明治維新教育改革的方針，政府在教育改革中採取了兩項根本性措施。

（1）聘用外國專家任教，派遣留學生。明治維新改革的方針之一是文明開化，其內涵是積極吸收西方先進的法律、政治、經濟制度和科學技術知識，取消以儒學為中心的封建教育，建立資本主義教育制度。在這個思想指導下，明治政府在堅持教育行政領導權獨立自主的前提下，大量聘請外國專家到國內任教，以解燃眉之急。據統計，當時外聘的專家數量，文部省僅次於工部省，先後請進外籍教授 750 餘人。東京大學創辦時理學院 15 名教授中有 12 名外籍教師，醫學院 18 名教授中有 11 名外籍教師。美國人斯克特因有師範學校的教學經驗，在日本師範學校創立後受聘前來任教，在他的指導下，模仿美國師範教育，傳授教學方法。單純靠外國專家並非長久之計，明治政府另一個應急措施是向國外派遣留學生。1870 年派出 115 名，1871 年派出 281 名，1872 年派出 356 名……留學生人數逐年增加，但因缺乏審查，資質反而下降。達官貴人子弟競相出國，想快些學成，回國充任大官，但「歸國而堪任事者很少」。針對這種情況，明治政府採取了果斷措施。1873 年底，文部省把國外官費留學生全部召回，經考試後分配工作。1875 年，文部省開始選派經嚴格選拔的留學生。從 1880 年起，這批留學生陸續回國，解聘外籍教師的工作同時開始。到 1889 年基本解聘完畢，教育工作基本由本國人擔任。

（2）改革傳統的封建教育，發展國民教育。明治初期，日本國力微弱，人財兩缺，明治政府除抓住嚴格選派留學生培養高級科技人才、管理人才外，更著重發展本國的教育事業，把教育改革的重點放在國民教育上。

1872 年文部省頒布《學制令》，廢除了原來的藩學、寺子屋，建立八年制新式小學，分上、下兩級各為四年。兒童 6 歲入學，接受八年制義務教育。文部省在推行學制令時，特別重視小學校建設，把它列為重點。對此，文部省是這樣說明的：「欲期社會文明、人有才藝，只好求之於小學教育的廣泛普及和完善，故當今著手的第一項任務就是把力量投在小學上」。《學制令》序中提出一個口號：「邑無不學之戶，家無不學之人。」各府縣遵照文部省的這個方針，分別釋出告示，獎勵設立小學，鼓勵兒童就學。各府縣在勸誘就學上採取了種種辦法，如有的縣在各學校、學區之間就學生入學率的高低展開競賽；有的縣令親自到各校巡視褒賞優等生；有的府縣，命令警察強迫學齡兒童上學，規定除休假日外，平時上午 8 時前到午後 3 時，不論在學校以外的任何場所，如發現學齡兒童無事而遊逛者，立即強行送去學校。《學制》規定，辦學以徵收學費為原則，按學生家庭的貧富程度劃分等級，月額 5 角和 2.5 角不等。這個數額在當時已不算低（當時地方米價 2 元～ 3 元錢一石），學生家長經濟負擔較重。

　　《學制令》實施後，小學數量增長很快，學生數、教師數也逐年增加，但中途退學的很多。究其原因主要有三：一是學制過於統一，脫離各地區、各學校的實際，難以操作；二是教學內容脫離現實生活，不解決實際問題，沒有吸引力；三也是最主要的原因，當時日本民眾貧困，無力承擔較高的學費。在政府強迫教育的壓制下，以致有的地區掀起拒絕就學的風潮，他們將當地的小學校燒毀，以示反抗。針對這些情況，文部省幾次頒布教育法令予以調整。1886 年頒布《小學校令》將初等教育學校確定為八年，分兩段：前四年的尋常小學為義務教育階段，後四年的高等小學，實行收費。在生活水準較低的地區允許設立三年制的簡易小學。高等小學的年限也可以分別定為二、三年或四年。這種較為靈活的規定是實際可行的，有利於初等教育的普及和發展。事實上，當時日本適齡兒童有 2/3 是在簡易小學接受初等教育的。1900 年再次修改小學校令，完全廢除徵收學費的制度，實行免費義務教育制，兒童就學率大幅度上漲。1907 年實施六年制義務教育，學齡兒童入學率達到 97.4%。

　　明治維新前期，政府集中有限的資金發展初等教育，在中等和高等教育上投入不大，所以只創辦了為數不多的示範性的中學和大學。

　　《學制令》規定八年制初等學校之上設六年制中等學校。

1886 年的《中學校令》調整中學學製為七年，分為五、二兩段。五年制中學稱尋常中學，由地方設定和管理，屬普通教育學校「二年制高等中學是第二段，屬大學預科性質，全國只設 5 所，由文部省大臣直接管轄。中學課程設定的特點是重視科學基礎知識和外國語的教學，不僅門類多，而且內容頗深。中學還實行嚴格的考試制度，以保證學習的品質。高等中學是分科設定的，一般有文、法、理、醫、農、商等科，進行專科教育。

1891 年開始，政府把力量轉到中等教育上。因為公立初等教育已培養出大批畢業生，他們要求接受中等教育，於是政府設立了一些公立中學。到 20 世紀初日本中等學校有了較快的發展。

高等教育的發展，按《學制令》中原來設想設 8 所大學，但因財政困難、經濟基礎薄弱未能實行。1877 年在原屬文部省管轄的昌平學校、東京開成所、東京醫學校基礎上成立了東京大學，成為日本當時唯一的一所綜合性大學。文部省為了重點辦好東京大學，將全國文教經費的 40% 撥給該校，此比率一直保持到 1890 年。東京大學效法德國辦理大學的經驗，十分重視教學和研究兩方面的工作。帝國大學由大學院和分科大學兩部分構成，大學院側重進行學術和科學研究，分科大學則以傳授專門知識為主，強調培養應用方面的人才。

# 法國教育的特色與影響

　　17 世紀至 19 世紀，法國的教育隨著政治局勢的變動而變化、發展著。按其歷史的發展，分為四個階段。

## ▶資產階級大革命前的法國教育

　　法國資產階級革命的爆發比英國晚了一個世紀，17 世紀的法國仍然是一個以農業經濟為主的封建君主專制國家。發展中的資產階級和封建制度的矛盾日益尖銳，這種階級矛盾和鬥爭是以宗教鬥爭的形式表現出來的。

　　17 世紀時，法國資產階級主要信奉加爾文新教（又稱胡格諾教派）和新教教派 —— 詹森派。封建專制政府和它的精神支柱天主教會（舊教）實行嚴酷的思想統治，並對新教進行殘酷的迫害。在教育上占統治地位的是耶穌會派和後起的聖樂會派。大革命前，法國的教育主要掌握在舊教手中，是天主教對抗資產階級新教「異端」、維護封建統治的工具。

### 1. 初等教育

宗教改革以後，法國各教派仍然繼續鬥爭，都想把學校當作傳播本教派教義和爭取群眾的工具，紛紛興辦初等學校，在一定程度上推動了法國初等教育的發展。

在新教辦的初等教育中，著名的有詹森派的學校。詹森派教徒中有不少學者和作家，受笛卡爾思想影響很大。他們也從「原罪說」出發，但認為因為人帶有原罪，兒童的精神是病態的，所以對他們的教育更要採取同情、溫和的態度，不能使用壓制和懲罰的方法，主張透過教師的榜樣和親切的談話來進行教育。在學習內容上，主張以學習本民族語言和近代語為主，同時還要學習數學、地理和歷史。教學時使用法語。在教學方法上反對死記硬背，注重發展智力，採用實物教學，重視練習。這些都反映出提倡科學、反對盲目信仰的新思想。但詹森派辦的學校只存在 20 多年，到 17 世紀 60 年代被耶穌會派封閉了。

天主教為了與新教在教育方面相抗爭，1682 年成立了「基督教學校兄弟會」。為爭取教民，對新教徒子弟進行天主教思想教育，兄弟會創辦了很多免費的初等學校。為迎合時代的要求，吸引兒童，也採取了一些新方法，如先學法語，然後再學拉丁語；實行班級教學等。但學校中懲罰仍很嚴

屬。為滿足教師的需求，1684 年創辦了教師講習所，講習所
還附設了「練習學校」，這是歐洲最早的師範學校。

## 2. 中等教育

　　這個時期法國中等學校主要有耶穌會中學和大學附屬的
文科中學。這類學校經院主義氣息濃厚，落後於時代需要。
17 世紀初發生了改革中等教育的活動。1611 年建立「耶穌基
督聖樂會」，會員多受笛卡爾思想影響，到 1626 年已創辦中
學 50 餘所。這些中學的特點有：

1. 中學前四年學法語不學拉丁文；
2. 高年級學拉丁文不學希臘文；
3. 採用新方法教拉丁文（如重視閱讀原著，不死背文法）；
4. 注重歷史教學，並使歷史與地理相關連；
5. 重視數學，認為數學可以「訓練智力，使人善於思考」；
6. 開設物理、化學學科；
7. 教學時注重學生個性，反對體罰，學校生活比較溫和、
   自由。

　　1773 年以後聖樂會派代替耶穌會派支配了法國的中等教
育。在後來的法國大革命中，許多聖樂會的教師投入了資產
階級政黨。

### 3. 高等教育

17 世紀至 18 世紀法國的高等教育受天主教會的控制，大學排斥新教徒十分激烈，不給信仰新教的學生頒發學位，禁止使用笛卡爾的著作。啟蒙運動興起後，壓制新思想。巴黎大學神學院曾將盧梭的《愛彌爾》宣布為禁書，並當眾焚毀。但隨著時代的進步，大學教學內容也有一定的變化，出現了一些反映進步思想的講座，如開設數學、自然科學、民法、自然法的講座。

## ▶資產階級大革命時期的教育

法國從 1789 年資產階級革命取得勝利，宣布成立共和國以後，先後建立過第一帝國、波旁王朝、七月王朝、第二共和國、第二帝國及巴黎公社，政體幾經反覆，到 1875 年憲法的通過，共和政體的鞏固（第三共和國），資產階級統治才最終確定。這期間資產階級各黨派先後執政，他們都十分重視國民教育的作用，紛紛提出各自的教育改革方案，雖因處於大革命期間，均無法實施，但對以後法國的教育都產生了一定的影響。其中最有代表性的是康多塞和雷佩爾提出的方案。

## 1. 康多塞方案

康多塞（1743 年～ 1794 年）是大革命時期，大資產階級執政黨吉倫特黨的領袖之一。他是一位哲學家和數學家，負責公共教育委員會。1792 年 4 月，由他負責組織五人小組起草了一份全面的教育計劃，提出由國家舉辦世俗性免費學校。

計劃提出，國家應擔負教育其男、女公民的責任，建立起包括初級小學（四年）、高級小學（三年）、中等學校（五年）和專門學校（大學）的統一的相互銜接的學校體系。其中初級小學是普及性的，所有的學齡兒童均應入學，實施廣泛的普通教育和勞動教育；高級小學招收初級小學畢業生，有較好的裝置，注重實科教育；中等學校除完成普通教育外，還進行農業、軍事和醫學等專業知識的教育；專門學校是代替舊大學的高等教育機關，培養擔任政府公職和從事研究工作的人才。

康多塞提出要實行統一的學校管理體制。他主張廢除宗教教育，給學生們講授資產階級憲法和《人權宣言》；加強科學教育，尤其是數學、物理知識的教學，因為這些知識不僅對發展工業有巨大的實用價值，而且有利於人的智力發展。

　　康多塞方案的基本精神對 19 世紀法國教育有很大影響，但它反映的是大資產階級的利益。它提出了普及初等教育的要求，各級學校均實行免費制度，但是它沒能為貧苦兒童接受教育規定任何物質保證。

### 2. 雷佩爾提方案

　　雷佩爾提（1758 年～ 1793 年）在自己的方案中首先批評了康多塞方案，指出它只是宣布了普及初等教育而沒考慮實施這種教育的物質條件。為了真正的實現普及教育，雷佩爾提主張建立「國民教育之家」，這是國家舉辦的寄宿學校，招收所有 5 歲至 12 歲的男、女兒童入學，並由國家供給他們衣食，其經費來源是向富人徵收累進所得稅和兒童自己的勞動收入。他強調指出，「貧民教育的費用要由富人來負擔」。「國民教育之家」的管理要吸收家長參加，每年一星期的時間輪流參加學校的全部生活。在學校裡，學生要接受德、智、體、勞等幾方面的教育，培養他們成為健康、誠實、守紀律、愛國的法蘭西公民。

　　雷佩爾提方案代表了革命中激進的小資產階級的利益，較之康多塞計劃更為民主，更富於革命性。該方案經國民公會多次討論，於 1793 年修改後通過，但很快又被廢除了。

## ▶第一帝國時期的教育

　　1804 年拿破崙稱帝，在政治上實行中央集權的大資產階級軍事獨裁，與此相適應，在教育上也進行了一系列的改革。拿破崙以其政治家犀利的眼光看到教育對實現其政治目標的重要性，他曾告誡：「在我們所有的機構中，最重要的是公共教育，全部的現在和將來都取決於它。」因此他始終熱心於改革學校教育，以期透過學校教育，培養出帝國所需要的文武官員，鞏固帝國的統治。

　　1808 年拿破崙創立帝國大學，作為全國教育行政的最高領導機關。帝國大學的總監（相當於教育部長）由拿破崙直接任命，凡學校的創辦、取締，教職人員的任免與提升都由總監掌管。帝國大學還設有評議會和總督學署，協助總監管理全國的教育事務。在帝國大學之下和全國司法區平行設定 29 個大學區，每一學區設總長一人，由總監任命。同時還設學區評議會和督學，全國的大、中學校均由帝國大學統一領導，各級各類學校的規章制度、課程設定、課時安排均由國家統一制定和監督實施。總監、總長和教師都是國家的官吏，由國家支付薪水。這種嚴密的中央集權的教育行政體製成為法國教育制度的最大特點，並一直影響到現在。

　　第一帝國時期，初等學校不被重視，但中、高等教育卻得到很大發展，中學有中央政府設立的國立中學和地方自治

機關設立的市立中學。這些名稱一直沿用到今天。國立中學主要是培養行政官員和高級軍事人才,學校內部管理很嚴,學生身著統一的服裝,按軍隊的編制,學校的行動統一以鼓聲為號。對違反紀律的學生實行嚴厲的處罰。相對國立學校而言,市立中學地位低下,課程淺顯,紀律也不嚴格,數量也較國立中學要多。

第一帝國時期教育有很大的發展,使原來混亂無序的學校教育向比較系統完整的學校教育體制轉變,建立了法國近代學校教育體系。

## ▶從復辟王朝到第二帝國時期的教育

在整個 19 世紀,拿破崙建立的中央集權化的教育體系基本保持著。但其中復辟勢力曾幾次得手,對教育實行倒退的變革,所以整個 19 世紀法國教育充滿了復辟與反覆闢、進步與反動力量的長期鬥爭。

波旁王朝的路易十八上臺後的第二年就頒布敕令,要求教育應該以宗教道德的準則為基礎,必須促進「社會上良好秩序的儲存」,宣布由牧師擔任教師和校長,後來乾脆把學校劃歸主教管轄。教育出現了倒退。

七月革命以後,資產階級進步勢力掌權。1833 年教育部長基佐頒布法令,大力發展初等教育。法令規定每一鄉區

設公立小學一所，凡 6,000 人口以上城市設高級初等小學一所，每郡設師範學校一所。教育經費均由當地籌辦，學生費用由家長承擔，國家向貧困地區貧困學生予以資助。基佐法令頒布後，法國初等學校數及學生數都增加了近 2 倍。它解決了拿破崙時代留下的初等教育薄弱的問題，建立了一個與中等學校同樣牢固的初等學校體制。

第二帝國時期，拿破崙三世為了維護大資產階級利益，鞏固自己的政權，實行軍事獨裁併利用天主教作為統治的精神工具，加強了教會對學校的控制，學校教育主要灌輸宗教思想和君主制度精神。拿破崙三世的倒行逆施激起了法國人民的不滿與反抗，1848 年世界上第一個無產階級政權巴黎公社誕生。巴黎公社雖然僅存在 72 天，但也及時頒布了一系列教育改革法令，展現出無產階級對教育的重視和要求。

## 德國的學術與教育制度

17 世紀至 19 世紀，是德國資本主義緩慢發展的時期。在這期間，德國經歷了 30 年戰爭（1618 年～1648 年）、狂突擊運動、拿破崙的入侵和資產階級革命。這些歷史事件都在不同意義上影響了德國教育的發展。這一時期德國在政

治、經濟上的發展落後於英、法等國，但在教育上卻毫不遜色。國家政權加強了對教育的控制，師範教育和學前教育開始興起，學制和課程出現了一系列變革，特別是教學方法實行了重要改革，大學中加強學術研究，系統的教育理論產生，同時還出現了像赫爾巴特、福祿貝爾、第斯多惠等在世界教育史上有影響的教育家。

## ▶十七世紀至十八世紀中期的教育

### 1. 初等學校

這一時期德國初等學校發展的主要特徵是德語學校的發展，國家加強對學校的管理，強迫教育的提出和教學內容、教學方法的改進。

德國宗教改革運動時，馬丁·路德用德文翻譯了《聖經》，又寫了簡本和詳本兩種《教義問答》，使德語逐漸成為德國宗教教育的用語。所以，在新教地區的初等學校大都採用德語教學，後來逐漸出現德語學校，有的屬於地方教育機構，也有的是私立的。

17 世紀至 18 世紀，德國各諸侯國的統治者為擴大自己的勢力，爭奪霸權，都希望透過教育培養出忠順的臣民和士兵，因而十分重視國民教育，不少公國很早就頒布了強迫教育法令，並將學校，特別是初等學校的管理權從教會轉到國

家手中。這是德國初等教育的一大特點。

　　強迫教育的法令首見於 16 世紀下半期。1559 年威丁堡公國、1580 年薩克森公國頒布了強迫教育法。1619 年威瑪公國頒布的學校規章，要求 6 歲至 12 歲男女兒童必須到學校全年上學，規定除放假日外不得缺席一天。1763 年普魯士腓特烈二世頒布《普通學校規章》，規定父母必須把 5 歲至 13 歲或 14 歲的兒童送入學校，兒童缺席處以罰款。規章還詳細規定了學校各項經費的來源和使用。但從具體情況來看並不理想。經歷了 30 年戰爭後的德國，處於貧困和落後的狀態，家長由於經濟困難，態度不積極，學校規章中的很多內容都沒能認真執行，學校缺少經費，基本設施很差。尤其突出的是教師普遍沒受過師範訓練，不少鄉村教師是由教士或工業者擔任，其中大部分是裁縫和鞋匠，有的是殘廢軍人。這些人知識貧乏得可憐，只能教簡單的讀和寫，最多再教些簡單的算術。教學方法是拷打加死記硬背。初等學校的教學內容大都是讀、寫、宗教教育和唱歌。以後逐漸增加一些算術，自然科學和歷史知識。

## 2. 中等學校

　　文科中學 17 世紀至 18 世紀德國中等學校的主要類型是文科中學。它以城市貴族和最富有的新興資產階級子弟為招

收對象，培養官吏和向大學輸送新生。文科中學的教學內容以拉丁文、希臘文為主，以後逐步增加了一些現代語文和數學、自然科學及歷史、地理等學科。新增學科的教學注重實物和應用。

實科學校由於工商業的發展和城市生活的需要，發展中的新興資產階級要求設定一種注重講授實科知識的中等學校。1708 年哈勒學院的副主教席姆勒創辦了數學力學經濟學實科中學。該校講授數學、物理學、力學、自然、天文學、地理、法律學、繪畫製圖，在教學法上廣泛應用了繪畫、學圖表、標本和模型等直觀教具。這是一所既具有普通教育性質又具有職業教育性質的新型中學。在這所學校影響下，許多城鎮也都隨之設立了類似的學校。

實科中學排除了文科中學中純古典主義傾向，要求教授實際生活和國民經濟部門必需的實用知識。在教學方法上也適應社會發展的需要。實科中學的出現，在當時來說，是教育史上的一個進步現象。

### 3. 騎士學院

從 16 世紀末至 17 世紀初德國出現了一種特殊的學校 —— 騎士學院。它以訓練包括王子在內的貴族青年擔任宮廷文武官職為目的。19 世紀騎士學院逐漸消失。

　　騎士學院為新貴族們提供文雅的現代教育。在學校課程中，現代語言和自然科學占首要地位，同時開設神學、騎士訓練類課程。騎士學院不主張專攻任何一門知識，要求擴大知識面，幫助學生精通世故和提高軍事能力及宮廷交際的水準。這時期出現的騎士學院已不同於中世紀的騎士教育，它具有近代教育性質和功利主義的目的。騎士學院中開設的體育運動、現代語文和自然科學等課程，成為以後德國中等學校課程的必備內容。

## 4. 高等教育

　　德國的大學產生於文藝復興運動之前，到 15 世紀已有 9 所古老的大學。17 世紀末至 18 世紀初在新大學運動中又創辦了一些新大學，如哈勒大學（1694 年）、哥廷根大學（1737 年）等。

　　哈勒大學是普魯士振興的基石，在德國和歐洲都享有盛譽。哈勒大學以思想自由和教學自由為基本辦學原則，重視近代哲學和近代科學的教學，在大學中採用德語進行教學。哈勒大學的辦學特點影響了德國高等教育的發展，在 18 世紀末，德國的大學都在不同程度上扭轉了舊大學的宗教神學性和古典主義方向。

## ▶十八世紀後期至十九世紀的教育

### 1. 泛愛主義教育運動

18 世紀下半期，當英、法、美的產業革命、政治革命震撼舊世界的時候，德國仍然是政治上四分五裂，經濟上落後的國家，法國的啟蒙運動給德國以強大衝擊，教育改革便應運而生了。18 世紀後期德國出現了一種新的社會教育思潮 ── 泛愛主義。泛愛主義教育的代表人物是巴澤多（Basedow, 1724 年～ 1790 年）。巴澤多深受盧梭自然教育思想的影響，曾著書大力宣傳盧梭的教育觀，並呼籲按照盧梭的教育原則創辦新學校。1774 年巴澤多按自己的教育理想在德國東部德騷創辦了一所學校，被稱為「泛愛學校」。其目的是培養對社會有用的人，培養對人類的廣泛的愛，「泛愛主義」因而得名。泛愛學校在教學內容上擴大了各科實用知識的範圍，重視體育和勞動教育。所有的學生都要學習木工、車工、製圖和農事。巴澤多還編印了《初級讀本》，讀本彙集了有用的人文、自然科學知識，配有插圖 100 頁，作為兒童的初級教材。學校生活順應兒童的天性，廢除「小大人」的培養方式，強調應把兒童看作是兒童而不是成人，教學時注重實物、語言的學習，採用談話、圖片、遊戲、演劇等方式進行，算術注重心算，地理的教學採用由近及遠的方

法。本族語的學習在學校中居於重要地位。泛愛主義者和盧梭一樣，認為兒童的天性是善良的，強調尊重兒童個性，反對束縛兒童自由，絕對禁止體罰。

泛愛學校的新氣象受到社會的欣賞，很多人來學校參觀，康德曾對泛愛學校做過很高的評價。在巴澤多等人的思想影響下，德國各地辦了很多類似的學校，一時形成一種運動。後來泛愛學校的教師散布到歐洲各地，使泛愛學校的影響擴及法國、瑞士等許多國家。

## 2. 洪堡德教育改革

1806 年，在耶拿戰爭中德國被拿破崙徹底打敗，割地賠款使德國民族感到莫大恥辱，以費希特為首的學者提出「教育領先」的口號，主張透過改革振興教育，培養一代新人從而振奮民族精神，把德國重建為一個獨立的國家。費希特的號召受到公眾和當局的重視，新政府把重建教育的工作交給了學識淵博的教育部部長洪堡德，為此，洪堡德進行了卓有成效的工作。他改革了初等、中等教育，推行裴斯泰洛齊的教育方法，建立柏林大學，使德國的教育制度在 19 世紀前半葉成為英、法、美等國學習的楷模。

初等教育改革洪堡德進一步強調實施初等義務教育，先後於 1802 年和 1805 年公布了初等義務教育法案。為了改進

和發展初等教育，他選派了大批青年到伊韋爾東向裴斯泰洛齊學習，這其中就有赫爾巴特、福祿貝爾。他要求前去學習的青年不僅要學習裴斯泰洛齊的教育方法，更重要的是讓這位偉人胸中煥發出的神聖的愛與力的火，點燃他們的心靈。這些青年從伊韋爾東回來後，決心重建小學教育體系，使德國初等教育比以前有了較大的發展。與初等教育相連繫的師範教育也有所發展，建立了幾所師範學校，將來希望當小學教師的人要在師範學校學習三年。

中等教育改革洪堡德按照新人文主義精神改革中等教育。 1810 年制定的中學教學計劃，削減了古典學科的內容，擴大了普通基礎學科的教學，使中學更接近於實際生活。為保證教學品質整頓教師隊伍，1810 年規定：凡要擔任中學教師的都得通過國家考試，合格的給予中學教師稱號，未經考試合格的人員不得錄用為教師。考試由國家委託大學辦理，考試的科目和要求，都以大學為訓練中學教師所開設的課程為依據和標準。這種考選教師的制度，改變了以前文科中學教師只能由神學家、牧師擔任的現象，保證了中學教師的水準，並將德國中學教師提高到專業工作者的地位。

大學教育改革 1810 年德國根據拱堡德的建議創辦了柏林大學，費希特被選為柏林大學首任校長，10 月 6 日第一批學生註冊入學。

柏林大學的建立不只是增加了一所大學，而是意味著大學的變革。

洪堡德在建立柏林大學時提出的口號是：學術自由，教學與科學研究相統一。大學把重點放在科學研究方面。該校認為，在科學研究方面卓有成就的優秀學者，也總是最好的和最有能力的教師。對於學生的要求不再是博學，而是要求其掌握科學原理，提高思考能力和從事創見性的科學研究。基於這個觀點，必須選擇那些對學問有造詣、有獨創能力的人來擔任教授。

格林大學無論在研究、教學還是學校事務管理和行政方面都擁有完全的自由。柏林大學實行教授治校的原則；校長一年選舉一次；學生有權批評校方，並享受大學公民權；大學實行超然的總務管理；大學校長及教授僅負責學術性工作而不理庶務等。

在柏林大學建立後，又有不少大學是仿照柏林大學進行整頓和新建的。

### 3.1848 年後德國教育的停滯和倒退

1848 年歐洲革命失敗後，德國教育也出現了停滯甚至倒退現象。教育部改為精神教育及醫學事務部，幾任教育部長不信任教師並厭惡「全面教育」。1849 年，腓特烈·威廉四

世在普魯士的師資培訓學院召開的教師會議上，怒氣沖沖地指責教師，要他們承擔 1848 年發生革命運動的全部責任。政府認為不能使平民什麼都知道，要降低教師的學識水準和初等學校的標準。1854 年普魯士政府頒布關於師範學校和國民學校的法令，規定小學全部由教會管理，教學內容以宗教為主，其餘科目被削減到最低限度。在中學裡，強調宗教基礎知識的教育，引導學生只集中學習一門學科，最好是古典學科，文科中學的教學計劃中取消自然學科，實科中學中增加拉丁文和神學。在大學裡解散了學生協會，解聘具有自由主義思想的教授，對大學實行嚴格的管理。1848 年以後，德國整個教育領域充滿了民族主義、沙文主義和普魯士國家專制主義精神，這些大大妨礙了德國教育的發展。

## 俄羅斯的教育歷程

### ▶十七世紀以前的教育

俄國的學校教育產生比較晚，到 10 世紀時才出現一批最初的學校。它們是教王公、顯貴人家和僧侶們的子弟讀書和寫字的。後來，在教堂和僧院設立學校，學習內容是讀、寫

和宗教知識。

在 11 世紀至 13 世紀，當西歐的文化教育處於衰落的時候，俄國因受拜占廷文化的影響，教育程度略高於西歐各國。當時俄國人把大批希臘文的書籍翻譯成俄羅斯文，並在僧院和大城市的教堂中組織手抄書籍，建立了一些圖書館。

從 13 世紀末到 15 世紀，由於韃靼人的入侵，破壞了俄國的文化和教育，學校教育處於停滯狀態，學校開始減少。16 世紀，俄國開始統一，工商業有所發展，教育開始向前發展。

16 世紀至 17 世紀，俄國社會上的主要教育機關是讀寫學校和兄弟會學校。在較大城市和修道院中也有少數稍高程度的「文法學校」。

初等的讀寫學校大多設在教堂和修道院中，也有的是神父在自己的家中進行教學。孩子一般 7 歲開始學習，教師採用個別教授的方式，主要對兒童進行東正教教義的訓練。為了防止異端的影響，兒童的行為受到嚴格監督。學校和家庭都對兒童實行嚴厲的體罰。學校中的教材都是手抄本，直到 17 世紀後半期才較普遍使用印刷課本。

16 世紀末到 17 世紀，烏克蘭和白俄羅斯處在波蘭——立陶宛統治下，波蘭地主企圖依靠耶穌會教徒的幫助，迫使烏克蘭、白俄羅斯人信奉天主教，從而達到使之波蘭化的目

的。為了與波蘭和天主教的壓迫作鬥爭，烏克蘭和白俄羅斯人組織了自己的宗教組織 —— 兄弟會。兄弟會按民主原則組織，信奉東正教。為維護自己的信仰，兄弟會在各地興辦了兄弟會學校。

兄弟會學校具有明顯的民主性質：一切階層的兒童都可以入校學習，孤兒可以靠兄弟會的資助上學；學校的校長和教師由兄弟會大人選舉；要求教師對所有的學生一視同仁，不論貧富應給予一律平等的愛護和教導，不準進行嚴酷的體罰。

兄弟會學校用本族語言進行教學，各學校水準高低不一，中心城市的兄弟會學校中還開設七藝。兄弟會學校是當時較先進的初等學校。

## ▶十八世紀的教育改革

### 1. 彼得一世的教育改革

俄國皇帝彼得一世（1672 年～ 1725 年）在位時，從增強國家實力出發，以歐洲為榜樣，在軍事、政治、經濟、文化教育方面開始了一系列的改革。彼得教育改革的主要措施是創辦普通學校、建立專門學校、建立科學院。

專門學校為培養各方面專門技能人才，以促進俄國軍事

和科技的發展，1701 年彼得釋出了 3 個創辦專門學校的命令。1701 年 1 月 10 日釋出了建立砲兵學校的命令。砲兵學校培養掌握讀、寫、算並具有一定科學知識的炮手。學生來自各個階層，貴族出身者居多。學校分初級班，高級班兩級，學習期限四年，合格者送往部隊，成績差的令其退學，送到砲兵工廠當工人。1 月 14 日釋出建立「數學及航海學校」的法令，招收 10 歲至 12 歲少年，學習與航海有關的各種科學。學校管理嚴格，每天上 9 小時至 10 小時的課，對缺課者實行體罰和罰款。學生畢業後，大多送往荷蘭、英國等地深造，回國後擔任艦隊將校級軍官。1715 年其航海班遷往彼得格勒成為「海軍學院」。7 月彼得又頒布了開設「外國語學校」的命令，要求學校用拉丁語、德語、瑞典語來教授俄國官員的孩子。學校除開設外國語外，還教授各種普通課程。至 1715 年，培養出 250 多名學生，多數擔任政府部門和印刷廠的譯員。

此外，彼得還允許成立了技術學校、醫療學校等。

普通學校 18 世紀以前俄國初等學校數量少，品質低。針對這一現狀，1714 年彼得命令全國各地創辦計算學校，教授識字、寫字、算術以及關於幾何、代數和三角的基本知識。到 1718 年已創辦了 42 所。學校招收一切階層的兒童（農奴除外），但大多是軍人子弟。1717 年彼得又敕令要求木工、

船員、冶煉工人及其他職工必須掌握讀寫。於是 1719 年彼得格勒海軍工廠首先設立了俄語學校，此後不少造船廠也相繼設立俄語學校，兒童一般 7 歲入學，前四年學習讀寫，後二年學習計算與幾何，畢業後派往海軍工廠或輪船廠當工人。不少船員和職工都積極送子女入學，俄語學校學生以工人子弟居多。

創立科學院彼得在訪問歐洲時，受到德法等國科學研究的影響，為培養造就本國的專家學者，1724 年釋出了設定科學院的命令。第二年，科學院正式成立。科學院分三部分：一部分以研究數學為主，一部分以研究物理為主，一部分以研究人文學科為主。科學院還附設了大學和預備中學。

俄國著名的科學家羅蒙諾索夫（1711 年～ 1765 年）對教育做出了重大貢獻。1741 年他擔任了科學院附屬大學和中學的領導工作。1755 年在他的倡導下創辦了「莫斯科大學」，莫斯科大學不設神學系，為便於平民進入大學，在預備中學裡設平民部。1779 年莫斯科大學又創辦了一所附設的師範學院。

### 2. 葉卡捷琳娜二世的教育

1762 年葉卡捷琳娜二世（1729 年～ 1796 年）上臺，繼彼得一世之後，重新開始建立和改善國家教育制度的工作。

1782 年成立了「國民學校委員會」，1786 年頒布了由該委員會起草的《國民學校章程》。《國民學校章程》規定給予全體國民以教育的機會，不論其階級、出身、性別如何，甚至農奴也可以進入城市的學校。根據這個課程，在縣城設定五年制的中心國民學校，分四級，最後一級為兩年。在縣以下各區域鎮設兩年制的初級國民學校，其章程與中心國民學校的頭兩年（初級部）相同；中心國民學校高級部設有機械、物理、地理、歷史、自然、建築等學科。章程還規定所有國民學校由當地政府負責管理，實施免費教育，其經費由國庫支付一部分，地方貴族和商人負擔一部分。19 世紀初期，許多中心國民學校改為中學，初級國民學校改為縣立學校。

1764 年，在彼得堡市郊的斯莫爾尼建立了俄國第一所國立寄宿制女子學校，它以貴族少女為對象。第二年曾附設一所平民女校，學習內容與貴族女校相同，主要培養貴族家庭的管家保母和家庭教師等，但其存在時間不長。貴族女校影響波及國外，開了俄國女子中等教育的先河。

## ▶廢除農奴制後的俄國教育

19 世紀中期，圍繞著俄國農奴制的存廢問題，出現了一個很大的社會革命運動，沙皇政府為了阻止革命運動的發展，被迫於 1861 年宣布廢除農奴制度，相應地對國民教育制

度也進行了改革。

從 1860 年到 1864 年先後頒布了一系列教育法則，宣布了教育的改革。主要法規有《國民教育部女子學校章程》、《大學章程》、《初等國民學校章程》、《文科中學和中學預備學校章程》。

根據上述檔案的規定，初等學校被宣布為無等級的學校，可招收各個階層的子弟，不受等級和宗教信仰的限制；授權各地方自治機關、社會團體和私人創辦學校；允許女子擔任教學工作。但仍然把傳播宗教觀念作為學校教育的主要目的，並且給教士以擔任教學工作的優先權。

中學除文科中學外，增設了實科中學，兩者均可招收各個階層居民的子弟，廢止了對學生的體罰，擴大了校務會議的職權。但根據章程規定，只有學習了兩種古典語的中學畢業生才有權升大學，實科中學的畢業生最多隻能升入高等技術學校或高等農業學校學習。

在高等教育方面，規定大學有若干自治權。大學設大學會議，有選舉校長、副校長的許可權。系設系務會議，可以選系主任等。還有學術會議，可以競選教授。大學設歷史文學系、數理學系、法學系和醫學系。由於工農業的發展，在 60 年代創辦了工藝、礦業、交通和農業學院等學校。

19 世紀中期俄國廢除農奴制度的改革是由沙皇政府自

上而下推行的，改革後沙皇專制制度仍然存在，貴族利益受到保護，所以，1860 年代有關學校教育方面的改革，一方面具有資產階級民主主義性質，另一方面又帶有封建制的殘餘的印痕。正如赫爾岑在批評 1863 年大學章程時所說的那樣：「政府做事，像罪孽深重的耶路撒冷的朝聖地者，前進三步，又後退兩步，但畢竟剩下了一步。」因此，透過這次改革，俄國的各級學校還是得到了一定程度的發展。

世界知名教育家與其思想

# 康米紐斯：教育理念的先驅

約翰‧阿摩司‧康米紐斯（Johan Amos Comenius, 1592-1670），17 世紀捷克著名的愛國主義者，偉大的資產階級民主主義教育實踐家和理論家。

## ▶生平及教育活動

1592 年 3 月 28 日，康米紐斯出生於一個隸屬新教卡文教系，在教派內部推崇平等、互助精神的「捷克兄弟會」（或稱「摩拉維亞兄弟會」）會員的磨坊主家庭。當時捷克屬於德意志神聖羅馬帝國的版圖，並飽受德國天主教貴族的壓迫。康米紐斯從小就深受捷克兄弟會的宗教思想和民主主義精神的薰陶。12 歲時康米紐斯成為孤兒，在兄弟會的資助下接受了中高等教育。1614 年大學畢業後，康米紐斯擔任了兄弟會的牧師，並主持兄弟會學校的工作。從此，他終其一生以滿腔的熱情為祖國的解放、民族的獨立和改革教育而積極活動。1618 年歐洲爆發「三十年戰爭」（1618-1648），捷克戰敗。康米紐斯和其他 3 萬名捷克兄弟會員一起於 1628 年流亡國外。在極其艱苦的流亡條件下，康米紐斯仍孜孜不倦

地繼續從事教育理論研究及教育實踐工作，還應邀到英國、匈牙利、瑞典等國進行教育改革工作，最後客逝荷蘭。

　　康米紐斯在教育方面的研究和貢獻涉及到教育的許多領域，主要代表作有：

1. 《大教學論》，1632 年寫成，在書中康米紐斯站在新興資產階級的立場上，全面而深刻地論述了諸如教育的目的、任務、作用；教育的根本原理；教學原則、內容、方法；德育；體育及學制等教育學的基本內容，構成一個比較完整的教育理論體系。本書是近代資產階級教育理論的奠基之作。

2. 《母育學校》，1630 年寫成，1633 年出版，1652 年改名為《幼兒學校》。這是歷史上第一部幼兒教育專著，詳細論述了在家庭中進行幼兒教育的各種問題。此書最初用捷克語寫成，後被譯成多國文字，受到普遍歡迎。

3. 《世界圖解》，1654 年完成，1658 年出版。這是歷史上第一部依據直觀原則編寫的對幼兒進行啟蒙教育的看圖識字課本。

## ▶世界觀及其對教育思想的影響

　　康米紐斯生活於歐洲新舊交替的歷史時期。一方面，新的資本主義生產方式在各國表現出程度不同的發展，與此同時，

近代自然科學體系日益形成，人文主義思想盛行。然而另一方面，封建保守的勢力仍在多數國家占據統治地位，宗教神學仍然在深深地禁錮著人們的頭腦。這種新舊矛盾與鬥爭不可避免地反映在康米紐斯的身上，並對他的教育思想產生了重要的影響。但從總體來看，康米紐斯世界觀中進步的成分占主導地位。

（一）性善論

康米紐斯深受人文主義思想的影響，在人性論問題上否定了中世紀以來的「原罪」論、性惡論及禁慾主義，高度讚美人的力量和智慧，贊成性善論，注重人的現實生活，崇尚自然，強調科學知識的作用。為此，康米紐斯主張透過教育使人得到和諧發展。

（二）民主主義和愛國主義的社會政治觀

民主主義和愛國主義是康米紐斯世界觀的一個重要特點，這與他所受的宗教薰陶以及屬於一個備受欺凌的弱小民族有著十分密切的連繫。他痛恨不平等現象，同情勞動人民的不幸遭遇，幻想著透過教育來進行社會改革。康米紐斯教育思想中的普及教育以及推廣泛智的思想，都和這種民主主義和愛國主義的社會政治思想相對應。

（三）矛盾的自然觀

受身分和時代的限制，康米紐斯的世界觀有著十分濃厚的宗教和神學色彩，但是在時代和自然科學的引導下，他又

十分重視大自然的存在及其威力，力圖探索自然的奧祕及其法則並運用於教育。

（四）矛盾的認識論

在認識論上，康米紐斯一方面堅持唯物主義感覺論的思想，認為感覺是認識的起點和泉源；但另一方面，他的基督教世界觀在其認識論上的影響仍根深蒂固，認為《聖經》也是認識的泉源。

## ▶教育的目的、作用和主導原則

康米紐斯的世界觀中有很多矛盾的地方，這些矛盾也反映在他有關教育目的的論述中。一方面，他注重人的現實生活，認為知識、德行與虔信的種子是天生在人身上的，教育的目的就是使之得到發展。但另一方面，他又承襲《聖經》的觀點，認為人生的最終目的是趨身一個更高的階段，即「永生」，今生的生活只不過是為永生做預備。也就是說，教育的目的並不是為生活本身，而只是為永生做預備而已。

康米紐斯高度重視教育對社會的作用，他把教育視為改良社會的手段。同時，他還高度評價教育對人的發展的作用。他認為人不僅有受教育的可能，而且必須受教育。因為只有受過合適的教育後人才能真正形成為一個人。

「教育適應自然」是康米紐斯提出的教育主導原則，也

稱做自然適應性。這裡所謂的適應自然，主要指要遵循自然界的「秩序」。按照他所解釋的自然或自然界，含義接近「客觀世界」，包括自然界和人類社會，人也是整個自然界的一部分。他認為有一種起支配作用的「秩序」，即普遍法則存在於自然界，人也應當服從這一普遍法則。

### ▶ 教育機構的系統和組織工作

康米紐斯積極擁護學校教育，肯定學校教育的必要性和優越性，但他對當時學校在結構、管理、教學等方面普遍存在的不合理、效率差等弊病提出嚴厲批評。為改革舊學校，他提出較為系統的構想。

（一）學制

康米紐斯提出一個系統的學校制度，從出生至 24 歲，分為嬰兒期、兒童期、少年期和青年期 4 個階段，各為 6 年。與這個分期相對應的是 4 級學制：母育學校、國語學校、拉丁語學校和大學。

母育學校即家庭，母親是兒童的第一位教師。教育的主要任務是為兒童奠定體力、智慧和道德發展的基礎。教育的內容和方法主要有童話、韻語、音樂、遊戲等，要求兒童透過適合他們興趣和能力的活動接受啟蒙教育。

國語學校即初等教育階段。康米紐斯要求在城鄉普遍設

立國語學校，在平等原則下招收所有的兒童。在校內實行混合編班，以革除門第森嚴、教派分明、男女有別的舊傳統。教育的目的是把對終生有用的事物教給兒童。教育的內容和方法主要有閱讀、書寫、圖畫、唱歌、計數以及記憶各種事物等，要求兒童訓練感官、想像力、記憶力等。

國語學校畢業後，兒童進入設在每個城市的拉丁語學校。這類學校的課程分六個班級，即文法班、自然哲學班、數學班、倫理學班、辯論術班、修辭學班。教育的主要任務是對那些志向超出工場以上的學生給予一種百科全書式的知識，為今後接受高深教育作預備。

拉丁語學校之上的高一級教育機構是大學，每個王國或省級行政單位可以設立1所。只有極少數才智過人且具有良好德性的青年才可以進一步深造。大學主要培養牧師、律師、醫生、教師以及國家領導人。康米紐斯建議以廣泛的長途旅行來結束大學生涯。

（二）泛智的教學內容和課程設定

「泛智」論是康米紐斯終生為之探索的重要課題，其主要宗旨就是把一切有用的知識教給一切人，並使其智慧得到普遍發展。該思想充分展現了文藝復興以來新興資產階級提倡發展科學、反對宗教蒙昧主義的時代精神，以及普及教育的民主要求。這一思想是康米紐斯教育思想的核心，是他從

事教育活動的宗旨。根據泛智論，康米紐斯認為教學內容和課程設定應當遵循實用、廣博和少而精的原則，依據這 3 個原則，康米紐斯對當時的學校教學內容和課程提出了具體的改革意見，這些意見集中展現在語文教學改革、擴大各級學校教學內容、加強新興自然科學知識教學等方面。

康米紐斯的有關教學內容和課程設定的改革主張打破了中世紀早期「七藝」的局限性，也打破了宗教改革以來拉丁學校、文科中學偏重古典著作的局限。他引進大量新興實用學科，實際上把原本占支配地位的宗教神學擠入次要位置。他為改革教學內容而寫的許多教科書，對近代學校教科書的發展造成了先驅作用。

（三）班級授課制和學年制

文藝復興以後，尤其是宗教改革時期，不少教派的教育家針對當時學校缺乏統一的教學計劃和教學組織形式的情況開始了新的探索。他們有的實行了年級制，還制定了課程計劃。康米紐斯則總結了前人的有關經驗，將這種新的教學組織形式的探索推進到更高階段，在歷史上首次在理論上提出並詳細論述了班級授課制和學年制問題。

康米紐斯要求依據兒童年齡及知識水準分班，並把教學內容分為循序漸進的階段，由一個教師對一個年級的學生同

時授課。他甚至建議將一個年級的學生分為每十人一組的若干小組，挑選其中的優秀學生做「十人長」，來協助教師管理小組。他提出實行學年制，要求學校以學年作為大的教學單元，在一學年裡同時開學和放假；每年招生一次，秋季開學；學年結束時考試，合格者方能更新。他強調學校工作的計畫性，認為學校工作必須按年月日有條不紊地進行。

康米紐斯認為班級制和學年制可以有計畫地組織教學工作，提高教學效率，有利於普通教育。他的主張反映了教育工作的客觀規律，在當時是一項重大的改革。但他的這些主張也有矯枉過正以及絕對化的嫌疑，有些時候誇大了當時條件下教師的作用。康米紐斯的班級授課制理論到 19 世紀下半葉時，成為一種通行的教學制度。

## ▶ 教學原則和教學方法

在《大教學論》中，康米紐斯提及的「原則」很多，其中的教學原則多達 37 條。這些「原則」並不完全是教學原則，含有可以稱為原理和其他的具體規則在內。前者如「自然適應性原則」。從現在意義上所謂教學原則的含義出發，可以歸納出康米紐斯的教學原則有如下幾點，這些教學原則都有其對應的教學方法。

（一）啟發

要求教師努力激發兒童學習的自覺性和積極性，促使他們自內向外地發展。為此，要在遵循自然的基礎上採用直觀教具，並充分利用表揚、獎勵等多種方式。

（二）直觀

康米紐斯認為知識是從感覺而來，只有透過感覺器官，才能得到真實可靠且難以遺忘的知識。對某些不可能直接感知和觀察的事物，也要採用取代的辦法。

（三）量力

康米紐斯要求教學應適合兒童的年齡特徵和身心特點，強調選擇學習材料時要適當，要求學生在學習時只需掌握最重要的內容，其他內容則只需領會即可。

（四）因材施教

康米紐斯既強調人的自然的平等及可受教育性，又重視人的個別差異。主張教育者必須研究兒童、了解兒童、掌握不同兒童的特點，並能夠就兒童的不同特點採取不同的教育方法和措施進行有的放矢的教育。

（五）循序漸進

康米紐斯主張學習應當分階段地進行，由簡到繁，由易到難，務必使前面的學習為後面的學習奠定基礎、掃清道路。

（六）鞏固

康米紐斯主張教與學應當貫徹徹底性原則，即學習過的知識要保持長期不忘。為此他主張教給學生有用的知識，教學中要激發學生的求知慾，直觀地進行教學，課程安排要有系統，要訓練和培養記憶力，強調複述和練習的作用。

## ▶ 道德教育

德育理論在康米紐斯的教育思想體系中占據次要地位，並且宗教色彩較重。

在《母育學校》中，康米紐斯詳細地闡述了學前兒童的道德教育問題，強調給予兒童有關德行的初步知識，尤其應當注重節儉和勤勞等良好品格的培養。在《大教學論》中，他主張學校應當培養兒童「持重、節制、堅忍與正直」的道德品格，即以理智指導行動，在日常生活、遊戲工作等各方面要適量，自我克制，以及坦誠地為他人和社會服務，等等。

在德育的方法上，康米紐斯強調預防、榜樣、實踐、恩威並用、教訓與規則、紀律與懲罰等，主張在運用紀律與懲罰等方法時，對於極端做法要謹慎行之，不可濫用。

## ▶ 歷史地位及影響

康米紐斯生活的年代正是歐洲從封建制度向資本主義過渡的歷史時期。他繼承了前人尤其是文藝復興以來人文主義教育的成果，總結了當時新興資產階級的教育經驗，並結合他本人長期的教育實踐，系統而全面地論述了新興資產階級對於學校教育的多方面要求。

作為一位傑出的教育革新家，他具有民主主義、人文主義的進步思想，深信教育的作用，認為人具有受教育的廣泛可能性；他全面闡述了關於新生一代的教育理論和實際，提出普及教育的要求和統一學校系統，並詳細制定了課堂授課制度；他提出各級學校課程設定，系統闡述了教學的基本原則、規則和方法；他編寫了著名教科書《語言入門》和《世界圖解》。

當然，康米紐斯的教育思想裡處處展現出一種濃重的宗教神學氣息，讓人認為他思想上仍然是「保守的」。之所以如此，和康米紐斯所處的時代以及他本人的身分有關，也有人認為他這是「舊瓶裝新酒」。此外，他雖然提出「改造世界」和「改造人類」的理想，但與當時許多其他的社會思想家一樣，並沒有也不可能尋找到解決問題的途徑。

康米紐斯生活在社會動盪，教派對立、戰亂不斷的歷史時期，他終其一生，將教育工作與民族獨立鬥爭事業融為一

體，併為之而奮鬥。雖然他的教育思想帶有理想主義的色彩，但他所倡導的教育思想極富遠見。他的教育思想雖然沒有被同時代的人以及後繼者充分理解、採納，但他的教育理論與實踐為教育作出了全面的貢獻是毋庸置疑的。他的教育思想為近代資產階級教育理論體系奠定了基礎，並對以後的學校教育產生廣泛而深遠的影響。尤其是到 19 世紀中葉以後，在各資本主義國家普及教育的浪潮中，透過德國教育家的宣傳，康米紐斯的教育思想再次引起人們的關注，並得到高度評價，使他贏得在教育史上應有的地位。有人說他是「教育科學的真正奠基人」，是教育史上里程碑式的人物，堪稱是歐洲封建社會最後一位教育家，同時也是資產階級新時期最初一位教育家。

## 洛克：教育與經驗主義

　　約翰‧洛克（1632 年～ 1704 年）是英國唯物主義哲學家、政治思想家和教育家。父親是一位律師。洛克從小受到嚴格的家庭教育，後在著名的威斯敏斯特公學和牛津大學接受學校教育，大學畢業後留校任教，講授希臘文、修辭學等課程。他雖獲文學碩士學位，卻對醫學、化學有濃厚的

興趣，他努力鑽研這些學科，並與自然科學家波義耳、牛頓有著長期而深厚的友誼。在他 3,600 本藏書中有 402 本醫學書籍，240 本是關於科學的書籍。1675 年獲醫學學士學位。1667 年，洛克結識了當時著名的政治家沙夫茨伯利伯爵（First Earl Shaftesbury 1621 年～ 1683 年），併為他治好了久治無效的潰瘍病。後受聘為家庭醫生和家庭教師。1673 年洛克擔任沙夫伯利茨伯爵的祕書，開始步入英國政界。復辟時期，伯爵被罷黜，洛克也離開英國。在法國、荷蘭等地受朋友之邀多次擔任家庭教師，在教育上已獲相當經驗和名氣，經常有人就教育方面的問題向他求教。 1688 年回國，後擔任英國「貿易、殖民委員會」委員。晚年的洛克主要從事著述，1690 年出版了《政府論》、《人類理解論》。1693 年發表了著名的教育論著《教育漫話》。在這本書中，他總結了自己從事家庭教育的經驗，並描繪了一幅未來英國紳士教育的藍圖。他認為，在英國把紳士培養好，對於鞏固政權、發展經濟是至關重要的。

洛克的教育思想與其社會政治觀和哲學觀有著密切的連繫。

就政治立場來說，洛克是代表當時英國資產階級和新貴族的利益的。他既反對封建君主專制，又反對民主主義者所主張的共和政體，他竭力維護的是資產階級與貴族聯合專制

的君主立憲政體。與激進的資產階級革命家相比，他具有明顯的妥協性。

在哲學上，他繼承了培根的唯物主義經驗論。依據培根關於人的知識來源於人對客觀事物的經驗和感覺這一唯物觀點，對當時歐洲流行的天賦觀念論進行了批判，並提出了著名的「白板說」。洛克說：「人心是白紙」，「人心沒有天賦的原則」，「我們所有的知識都建立在經驗之上，不藉助於任何天賦的印象，就可以獲得他們所有的全部知識。」洛克堅持了從物到觀念的這條認識路線，提出人類所有的知識都是建立在經驗之上。這個觀點既否定了天賦道德的原則，又說明瞭後天學習的重要性，從而論證了教育的重要作用。

但是，洛克的唯物主義並不徹底。他認為知識來自經驗，經驗又分為兩種：一是人的感覺器官對外物作用的感覺，即感官經驗。二是人對自己內心作用的「反省」，即思辨經驗。他提出感覺和反省「這兩者乃是知識的泉源」。他所說的「反省」，主要是指人的思維活動，如「知覺、思維、懷疑、信仰、推理、認識、意願」。但他把人的內心活動當作是認識的獨立泉源，把認識過程的兩個內在連繫的階段看成並列的認識來源。這就給唯心主義開了後門，也陷入了與自己的「白板說」相互矛盾之中。

## ▶論教育的作用和目的

　　洛克從反對天賦觀念的「白板說」出發，極為重視教育的作用，尤其重視教育在人的個性形成中的作用。他說：「我們日常所見的人中，他們之所以或好或壞，或有用或無用，十分之九都是他們的教育所決定的。人類之所以千差萬別，便是由於教育之故。」從教育的廣義概念來理解，洛克的論斷是正確的，但他沒能認識到教育與環境，遺傳之間的辯證關係。儘管他也承認存在著一些天生就比別的孩子聰明的兒童，但他還是認為教育、培養勝過天性。由此他被定為經驗論的創始者，這一認識傳統至今在英國哲學和教育思想領域占居主導地位。

　　洛克關於教育作用的觀點，在當時有一定的進步作用，它符合新興資產階級的需要，為資產階級爭取政治權、教育權提供了理論武器。洛克重視教育的作用，但並沒得出人人都要受教育的結論。從大資產階級立場出發，認為教育的重點應該放在大資產階級、新貴族子弟身上。他說：「如果這一階層的子弟透過教育一旦成為品行端正的人，他們很快就會使其餘的人不會越雷池一步。」由此，洛克提出教育的目的在於培養「紳士」。洛克筆下的紳士是「有德行、有用、能幹的人」，具體地說英國的紳士是一個能開拓資本主義事業、進行海外殖民活動的人，同時也是一個善於謀取個人幸福、足智多謀而又具有文雅風度的人。

## ▶論紳士教育的內容和方法

在《教育漫話》中，洛克提出要培養未來的紳士，應進行三方面的教育即德育、智育、體育。

### 1. 體育

洛克所說的體育，實際上主要屬於健康教育的範疇。《教育漫話》一書的開場白是：「健康之精神寓於健康之身體，……凡是身體精神都健康的人就不必再有什麼別的奢望了。」他把一個人的工作倖福與身體健康直接連繫起來，「我們要能工作，要有幸福，必須先有健康，我們能忍耐勞苦，要能出人頭地，也必須先有健康的身體。」洛克從唯物論出發，並結合他的醫學知識科學地提出了兒童健康教育的一系列觀點。如必須從幼年起對兒童進行嚴格的鍛鍊，要讓兒童多進行戶外活動，多運動，多睡眠；食物要清淡、有益於身體健康，糖、鹽、佐料不宜太多，要多吃水果；酒料和烈性飲料不能喝，藥物要少用；衣著不要過緊過暖，尤其頭部和腳部要清涼；要堅持每天用冷水洗腳等等。洛克在這方面提出的忠告雖略顯瑣碎，但頗具普遍意義。這些觀點不僅有助於兒童身體健康的發展，而且還有助於對兒童智力和精神的研究。

## 2. 德育

洛克認為對紳士來說德行是第一位的,所以德育也是紳士教育的核心。他說:「我認為在一個人或者一個紳士的各種品性中,德行是第一位的,是最不可缺少的。」「如果沒有德行,我覺得他在今生來世都得不到幸福。」

德育的任務是培養紳士具備理智、禮儀、智慧和勇敢等道德品格。

洛克所說的理智,也稱理性,就是說紳士應以資產階級的標準去判斷事物或衡量人的行動。紳士要能克制自己的慾望,能夠在理性的支配下處理一切事情。其主要目的是為了養成兒童有羞恥心,重名譽和謙虛謹慎的心理,以防止喜好虛榮和焦燥的脾氣。

洛克所說的禮儀主要是指禮貌、禮節和風度。他認為一個紳士一定要懂得上流社會的世故人情,懂得上流人士中流行的處世為人、待人接物的禮貌和風度。這是紳士所不可缺少的美德。禮貌和風度表現為:舉止優雅,談吐鎮定自如,能按照各人的地位與身分保持敬重與距離。洛克認為禮儀對品德來說是一種裝飾,使品德更加放出異彩。他做了這樣的比喻:品德加上禮儀,猶如鑽石經過思索,更能使人喜愛。一個青年紳士若具有禮儀這個美德,他的「門路就可以更寬,朋友就可以更多,在這世上的造詣就可以更高。」

　　紳士應具備的第三種品德是智慧。洛克所說的智慧是指紳士應具有的精明強幹、富於遠見卓識的管理事務的能力。與平常所理解的經過知識的學習，使人的認識、理解和判斷等能力（總稱智力）得到發展，並不完全是一回事，它主要是指處理各項事務的本能而言。洛克因此提出，智慧這種美德不是天生的，而是經過自己的努力並與實踐經驗相結合而獲得的。這是兒童不能輕易就獲得的，但應鼓勵他們養成誠實和真誠的品德，服從理性，經常反思自己所作作為的後果，從而努力達到智慧的境界。學生要達到這個境界，首先應該做一個「坦白、公正、聰敏的人」，特別要注意防止沾上狡猾，因為狡猾往往要模仿智慧，並企圖代替智慧，這是需要認真注意揭露和清除的。

　　勇敢也可稱為堅忍，這是紳士必備的美德，也是「一個真正有價值的人的品性」。一個紳士若能夠堅忍而有勇氣，當他遇到災禍或危險時，便能鎮靜自如，面臨恐怖不懾服，能基於名譽和責任勇往直前而不逃開。

　　綜上所述，可以看到洛克紳士道德品格的論述是從資產階級的功利主義出發，為實現紳士個人的幸福和利益而提出的；但在一定程度上也反映出資產階級的求實精神。洛克把貫穿於人的一生的美德、智慧、教養放在教育的優先地位，而不把一般人認為是重要的「知識學習」擺在首位，正展現

出其教育思想的特色。

在如何進行道德教育上，洛克提出了不少積極的、正確的意見。他認為，為了教育兒童，首先應該了解兒童。父母和老師一定要悉心研究兒童的「心靈」，了解他們的性格和好惡。「這是因為孩子有心思學時，就會取得事半功倍的效果，而如果他不想學或是被強制去學，那就會事倍功半，痛苦不堪。」

他特別重視榜樣和示範在德育中的作用。因為「沒有什麼事情能像榜樣這麼能夠溫和地而又深刻地打進人們的心裡。」所以父母和教師「應以身作則，使兒童去做他所希望做的事情」。同時父母也應謹慎地為孩子選擇好的教師和朋友，讓孩子經常與有學問、有知識的客人接觸、交往。

因為兒童是「有理性的動物」，所以洛克認定「說理是對待兒童的真正辦法」，因為說理是提高兒童道德認識的手段。老師在對兒童進行說理時，首先應該「以適合兒童的能力與理解力為限」，要力求簡單明瞭；其次態度要溫和、鎮定，要使兒童感到你的要求是合理的、有益的。

洛克指出，說理的目的在於使兒童了解各種道德規則的意義，以便執行起來更加自覺。但要養成熟練的行為習慣，則要靠實踐，要進行反覆的練習。當兒童形成良好習慣後，就要在「他們身上固定起來」，成為他們的心理財產。

　　洛克也很注重獎勵和懲罰，並就此進行了細緻和全面的論述。談到獎勵，他認為，做父母的人不應該「用兒童心愛的事物去獎勵兒童，去討取兒童的歡心」。例如，用蘋果和糖果去使兒童唸書，這種做法是不好的。至於孩子唸了書，就用漂亮的衣服、錢幣去酬勞他，則更不好了。這樣做等於教導他們愛奢侈、貪婪，因而是犧牲了兒童的「德行」。洛克認為最好的獎勵辦法是對兒童的稱譽和當眾表揚。「兒童對於稱譽是極敏感的，他們覺得被人看得起，尤其是被父母及自己所依賴的人看得起是一種快樂」。所以父母看到子女的行為好，便加以讚揚，看見子女行為不好，便換上一副冷酷或不理會的臉色，同時周圍其他人也採取同樣的態度，就會取得比鞭撻或威嚇更好的效果。當眾表揚、稱讚孩子的好行為，經大家一番傳播，「則獎勵的意義就更大，它會使孩子對自己的名譽就愈看重，會更小心地維持別人對自己的好評。」但草率地當眾宣布孩子的過失則會使「孩子無地自容，孩子會失望，會無所謂，那制裁他們的工具也就沒有了」。洛克主張盡量不用懲罰，尤其不能採用體罰，但是他認為對於犯有「頑梗」或「反抗」過失的兒童，必須予以鞭撻，而且要打就得打個徹底，「非等完全達到目的之後，不可中止」。這就造成了洛克在懲罰問題上的自相矛盾。

### 3. 智育

　　在紳士的各種教育中，洛克把學問放在最後，並且把它看成是德行的一種輔助手段。他說：「對紳士來說，『學問是應該有的』，但是他應該居於第二位，只作為輔助更重要的品質之用。」洛克所說的學問、智育的內容，也不僅限於學習文化知識，同時還包括獲得各種技能技藝。洛克認為，前者是主要的，而後者也是不可缺少的。

　　在學習內容上，洛克一反中世紀以來的傳統，強調紳士需要的是「事業家的知識」和「處世經商的本領」，並以這個思想為指導，提出一個廣泛的學習科目：閱讀、書法（寫字）、圖畫、速記、外語、作文（寫作）、神學、地理、算術、天文、幾何、歷史、倫理學、法律、邏輯、修辭學、自然哲學等等。但是他並不要求學生對各門學科「鑽得太深」，只要求他們「嘗試一下」，給他們「啟示一條門徑」，到將來如果他還有時間或者對某門學科有興趣、有需要時，會有用功的問路。他肯定說：「世界上有高深學識的，在任何科學方面享有大名聲的人，沒有一個是在教師的管束之下得來的。」

　　在獲得其他技能技藝方面，洛克建議每位紳士子弟都應至少學會一門體力勞動，最好是二至三門，如木工、農業、園藝等。萬一這位紳士時運艱難，掌握這種技能本身會益處

無窮，它還能強身，並且有益於克服死啃書本的毛病。洛克本人便是一個精明的園藝師。

洛克認為教學的任務，首先是發展學生的思維，培養他們清晰地、有邏輯地、循序漸進地進行判斷和概括的能力。他特別強調的是，應該讓兒童「增進心的活動與能力，而不是擴大心的所有物。」因此他竭力反對當時文法學校流行的死記硬背的教學方法，主張把教學當作遊戲和娛樂去追求。教學中要引起學生的興趣，使他們對學習產生愉快感；不能用嚴酷的方法，使學生產生恐怖心理，而要設法保持一種「安閒澄靜」的氣氛。他強調說：「不能在一個戰慄的心理上面寫上平正的文字，正同你不能在一張震動的紙上寫上平正的字一樣」。

洛克的哲學思想、教育思想在人類思想史與教育史上占有重要的地位，其影響遠遠超過了他的時代和國界，成為許多教育家思想的出發點。18 世紀唯物主義者愛爾維修和以後空想社會主義者的人類智力平等說和教育萬能論思想，就是從洛克的唯物主義感覺論中引申出來的。他所宣傳的功利主義思想，深深地、長期地影響了各個資本主義國家的意識形態。洛克強調教育中應重視個人因素、父母的重要作用，以及應該把孩子看作為一個獨立的個人的思想對以後資產階級教育理論影響也很大。他的教育代表作《教育漫話》在 18

世紀，英文字出版了 20 多版，後被翻譯為法文字、荷蘭文字、德文字、義大利文字和瑞典文字。

# 盧梭：自然教育的提倡者

## ▶生平和著作簡介

尚·雅克·盧梭（1712 年～ 1778 年）法國 18 世紀著名的啟蒙思想家和教育家。1712 年 6 月 28 日出生於瑞士日內瓦一個鐘錶匠的家庭。母親早逝，很小就跟隨父親識字，閱讀文學、歷史一類書籍。10 歲時父親因打官司敗訴外逃，盧梭由此成為孤兒，沒有受過系統的學校教育。從 16 歲開始離開故鄉過流浪生活。他走遍了全瑞士，還到過法國、義大利的許多地方，做過僕役、家庭教師、私人祕書。長期的流浪生活和複雜的工作經歷，使他對下層平民社會有較深的了解，對法國封建社會的不平等有深刻的認識，由此也使他獲得了廣泛的知識，逐漸形成了他的資產階級民主主義思想，成為 18 世紀資產階級激進的啟蒙思想家。

盧梭 30 歲時帶著自己創作的樂譜和劇本來到巴黎。以後他很快結識了啟蒙運動的思想家狄德羅、伏爾泰等，成為

「百科全書派」的重要成員。

1749 年，法國狄昂學院發起「科學與藝術的進步能使道德改善還是使道德墮落」的有獎徵文，盧梭的應徵論文獲得首獎，在社會上產生巨大影響，成為有名的文人和思想家。在這篇文章中，他斷言科學和藝術的進步對道德和風俗起了敗壞作用。他說：「隨著科學與藝術的光芒在我們的天邊上升起，德行也就消逝了。」這種把科學與道德對立起來的觀點，顯然是錯誤的。但盧梭的本意並不是攻擊科學和藝術，而是「暴風雨般的攻擊了當時那個矯揉造作而又想入非非的社會」，因其徹底的反封建性而獲得了首獎。

1755 年，盧梭又撰寫了狄昂學院第二次徵文《論人類不平等的起源和基礎》。在這篇論文中，他確認人類在「自然狀態「下是自由、平等的；在道德上也是善良的。後來由於出現了私有財產，才產生了種種不平等、不自由的現象。他寫道：「誰第一個把一塊土地圈起來並想到說：這是我的，而且找到一些頭腦十分簡單的人居然相信了他的話，誰就是文明社會的真正奠基者」。他一針見血地指出了封建罪惡現象的根源是私有財產，但他並沒有因此而完全否定私有制，只是主張頒布國家法律，調節私人財產的數量和平均私有財產，要求把土地私有制建立在社會成員個人勞動的基礎上，因而是很不徹底的。

1762 年，盧梭先後出版了《社會契約論》和《愛彌爾》等書。《社會契約論》提出了一個民主平等的社會原則，認為國家的建立是人們協調一致而訂立契約的結果，因此人民有權掌握國家的政權。盧梭的這個民主精神，徹底地表現了資產階級民主原則，為以後的法國大革命的領袖們提供了主要的政治思想，也影響到美國的資產階級革命。

《愛彌爾》是盧梭半小說體裁的教育名著。在這本書中，盧梭透過對他所設想的學生愛彌爾的教育，竭力反對封建教育，系統地闡述了他的自然教育的觀點。在書中，他不僅盡情地攻擊了封建政權，還盡情地抨擊了教會，因此遭受迫害，他的書被判為禁書並在巴黎廣場當眾焚毀，本人也受到通緝，被迫逃往國外。晚年盧梭懷著悲憤的心情完成了他的自傳《懺悔錄》，坦率地總結了自己一生的經歷和思想抱負。1778 年 7 月 2 日因中風而與世長辭，終年 66 歲。

盧梭一生閱讀過大量書籍，研究過洛克、笛卡爾、霍布斯、萊布尼茨等哲學家的著作。他是 18 世紀法國哲學中源出於洛克一派的代表人物之一，他的哲學和政治思想以及教育思想都受到洛克思想的影響。他的宗教觀是自然神論，認為上帝是宇宙的自然規律的化身，反對盲目愚昧的宗教迷信，雖然他不是一個無神論者，但在反對教會勢力方面，其自然神論是有進步意義的。

## ▶論教育的培養目標

盧梭提出教育應培養能夠保持人的本性的「自然人」，換句話說，即「自由的」、「自食其力」的「對任何職業都有所準備的人」。這種人身強體壯，心智發達，能力強勝，可以勝任任何工作。不管命運怎樣變動他的地位，都能應付自如。盧梭向自己的學生提出，不管將來從事什麼工作，都沒有什麼關係，重要的是學會如何生活，知道怎樣做人。他說：「從我的門下走出去，我承認，他既不是文官，也不是武人，也不是僧侶，他首先是人……」顯然，這是針對舊教育培養目標的弊病而提出的。他的理想學生愛彌爾靠自己的雙手勞動，自食其力，他不依賴別人而生活，他是一個不衣租食稅，不攫取別人勞動果實的自然人。盧梭的「自然人」與封建社會培養的「上帝的奴僕」以及不勞而獲、寄生蟲式的貴族形成了鮮明的對比。他所提出的培養目標既適應了資本主義自由競爭的需要，又符合了人的自然本性，有著鮮明的時代特點。

## ▶自然教育理論

盧梭自然教育的核心是強調對兒童進行教育，必須遵循自然的要求，順應人的自然本性。這裡盧梭所說的自然本性是指兒童自身的發展規律、兒童的年齡特點和心理特點。盧梭從人

性善的原理出發，認為人們的心中沒有原始罪惡，一切錯誤和罪惡都是由不良的社會環境所造成的。他在《愛彌爾》一書中寫道：「出自造物主手中的東西，都是好的，而一到了人的手裡，就變壞了」。所以，他強調教育應脫離「文明」社會的樊籠而順應人的自然天性，使之在自然中率性發展。

盧梭認為人的天性是好的，但觀念和道德並不是先天的，人們生來缺乏的，又是成年以後所需要的一切，都是教育的結果。他認為人們所接受的教育有三個來源：即來自自然、來自人和來自事物。其中，「我們的才能和器官的內在發展，是自然的教育；別人教我們如何利用這種發展，是人的教育；我們對影響我們的事物獲得良好的經驗，是事物的教育。」盧梭又指出這三種不同的教育中，「自然的教育是完全不能由我們決定的，事物的教育只是在有些方面才能夠由我們決定。只有人的教育才是我們能夠真正地加以控制的。」他由此便得出結論：只有使我們力所及的兩種教育（人和事物的教育）去服從於力所不能及的教育（自然的教育），三者通力合作，並指向於同一目的時，才能使人得到真正良好的教育。在這裡盧梭提出了一個十分可貴的思想觀點：「大自然希望兒童在成人以前就要像兒童的樣子」。由此可見，盧梭的自然教育就是要求教育應該遵循兒童自身的發展規律，根據兒童的年齡特點和心理特點來進行。在「遵循自

然」這個問題上盧梭比康米紐斯前進了一步。他沒有採用引證自然的方法，沒有任何神祕主義色彩。盧梭關於教育的三個來源觀點，缺乏科學的論證，但是卻反映出盧梭已接觸到遺傳、環境與教育三者對人的發展的作用以及相互關係這樣一個教育理論中的基本問題。

與「遵循自然」緊密連繫的是「自由教育」。因為在盧梭看來，人的最重要的自然權利就是自由。因此，遵守自然的教育必然是自由的教育。這種教育必須保護兒童善良的天性，使身心得到自由的發展。盧梭堅決反對壓抑兒童的個性和束縛兒童的自由，反對嚴格的紀律和死記硬背；主張讓兒童完全自由的活動，並盡可能多地給兒童以自由活動的機會，讓他們能用自己所有的方法去看、去想、去感覺一切事物。教育者的任務就是創造一個能夠促進兒童自由發展的合適環境，從旁仔細地觀察和適當地誘導，當兒童感到經驗或力量上不足時給予適當的幫助，而不應該強迫兒童接受成年人所特有的方式和方法。盧梭認為，只有依照兒童的本性自由發展起來的人，才能成為真正的、自由的人。這一觀點，具有解放思想，打破死氣沉沉的教育局面的進步意義，有利於充分發揮兒童的主動性和培養獨立活動的能力。但是盧梭過分地強調兒童的自由活動，忽視教師正面的指導作用，這是不可取的。

## ▶兒童的年齡分期及其教育

盧梭從自然教育的理論出發，依據他對兒童發展的自然過程的理解，將其劃分為四個年齡階段，並根據各個年齡階段兒童身心發展的特徵規定了相應的教育任務。

### 1. 嬰兒期的教育

盧梭將從出生到 2 歲劃為嬰兒期，他認為應以體育保健為主。因為健康的身體是智慧的工具。體育乃是一切教育的基礎。這時的體育主要是以身體的養護和鍛鍊為主。其關鍵是「多給孩子們以真正的自由」。他反對捆綁嬰兒的四肢，要求衣服寬鬆肥大，使嬰兒的肢體可以充分自由活動，而且衣服不宜穿得太多，應該養成他們適應各種天氣變化的能力。盧梭還主張嬰兒應該由母親哺乳，由父母親自養育。兒童還應該培養具有抵抗疾病的能力，不能完全依賴醫藥的治療。不能溺愛兒童，不強迫或加速兒童語言的發展，應該順其自然。

### 2. 童年期的教育

2 歲至 12 歲為童年期，盧梭稱這一時期是理智睡眠時期。童年期的孩子言行多受感性的支配，缺乏理性的力量。所以這個時期不要直接對兒童進行智育，教育的任務是發

展兒童的外部感覺器官。因為外部感覺器官是智力教育的前提。

　　盧梭認為，為了發展外部感覺器官，應該盡量給孩子提供各種活動的機會；為了觸覺，應該讓孩子親自去摸去抓每件東西，多在黑暗中做遊戲，由此使兒童了解感覺與引起感覺的事物之間的關係；為了發展視覺，要讓兒童儘早地學習寫生畫和製圖；為了發展聽覺，盧梭主張應使兒童練習唱歌，注意發音純正、清晰，並習慣聽有節奏、有旋律的聲音；對於兒童的味覺和嗅覺，盧梭認為不應該竭力加強發展，兒童的食物應該是自然的，簡單的。盧梭是西方教育史上第一個詳細地研究幼兒外部感覺器官的教育問題的人，這對後來學前教育學的發展產生過巨大的影響。

　　盧梭還認為 12 歲以前的兒童沒有道德概念，不宜對其講抽象的道德概念。若需要只能用「自然後果」的方法進行教育。「自然後果」即對於兒童的過失不去責備和懲罰他，而是利用過失的自然結果，使兒童自食其果，從而促使其反省並改正。盧梭認為，在幼兒，感覺中不存在的東西，在其大腦中也不會產生相應的觀念，他們必須透過自己的切身體驗來認識周圍的事物和現象，認識活動及其結果的意義。例如孩子打破了房間裡的窗子，就讓他晝夜都受風吹，別怕他受風寒，「因為寧可讓他著涼，不可讓他發瘋」。盧梭主張在

對待孩子的缺點、錯誤或過失行為時，可以結合孩子的行為
及其結果進行教育，使他們在自身行為的不良後果中接受教
訓，從而改正缺點和錯誤，這在一定程度上是符合兒童的心
理特點的。但也有一定的局限，例如盧梭認為，受風吹不是
懲罰，而是過失的自然後果。其實這還是懲罰。

### 3. 少年期的教育

12 至 15 歲為少年期，盧梭認為這時是「勞動、教育、
學習的時期」。因為兒童到 12 歲時已經有了強健的身體，
有發育良好的感官，有了獨立工作的能力和習慣，「可以進
行智育和勞動教育。」這時期教育的目的在於發展學生的智
力，培養學生對科學的興趣和研究科學的方法。

在教學內容方面，盧梭認為應該以有益的、必需的、正
確的和符合兒童理解能力的知識為主。他尤其重視有實用價
值的學科如天文、地理、物理、幾何以及讀、寫、算等學科
的學習。他完全排斥神學，但也排除人文學科，認為這些學
科要到 15 歲以後才能學習。

既然盧梭認為智育的主要任務是交給學生開啟知識寶庫
的鑰匙，是教給學生掌握知識的工具，而不是知識本身，
那教給學生掌握工具的方法是什麼呢？盧梭首創地提出運
用「發現學問」、「發現真理」的發現法。他說：「問題不

在於告訴他一個真理，而在於教他怎樣去發現真理。」他強調，在發現法實施的過程中，首先，發現不是憑空發現，應該以兒童的經驗為基礎。兒童要在經驗的基礎上透過親身的實踐活動發現真理。其次，教師要設定問題，布置情景，去激發學生的發現思維。他舉了這樣一個例子：「我拿起一塊石頭，假裝要把它放在空中，可是我一空手，石頭就掉下來了。我看見愛彌爾很注意我的動作，於是我問他：『這塊石頭為什麼掉下去了呢？』這樣，使愛彌爾發現問題，認真思考，以解決問題，這就使他上了第一堂物理課。顯然，盧梭重視的是採用觀察、實驗等形式，讓學生在活動中學會正確地思維和判斷。

除智育以外，盧梭對勞動教育也非常重視。他認為「勞動是社會的人不可減免的責任，任何一個公民，無論他是貧或者是富，是強或是弱，只要他不幹活，就是一個流氓。」只有勞動才使人「過著自由、健康、誠實、勤勞和正直的生活。」盧梭要求愛彌爾首先學習農業勞動，因為農業是最誠實、最有益於人類的。但他又讓愛彌爾看到農業勞動者被束縛在土地上，是不自由的。所以愛彌爾還要再學習一種勞動技能。他認為，在人類一切可以謀生的職業中，最能使人接近自然狀態的職業是手工勞動，而手工勞動中最有益、最適合學生興趣的是木工。木工可使人靈巧、機敏，能發展人

的優美典雅感，他要求愛彌爾每週要有二天的時間到木匠的
工場裡學習木工技術。這時期的教育使愛彌爾既有工匠的雙
手，還有哲學家的頭腦。

### 4. 青春期的教育

15 歲到成年為青春期。盧梭稱這個階段為「激動和熱
情」時期，應該進行道德教育。

盧梭從資產階級人道主義觀點出發來看待道德和道德教
育，他認為人們有一種與生俱來的情慾，即「自愛」，「擴張
自愛而愛他人，這就變成為道德」。基於這一認識，他把道
德教育的任務歸為：培養善良的情感，正確的判斷和良好的
意志。為了培養青年善良的情感，應當讓青年去觀察人類的
苦難、貧困和悲傷的情景，以培養同情他人的感情。為了培
養正確的判斷，他認為最好的方法是學習歷史和偉人傳記。
而培養良好的意志則需要實際的練習，即社會道德的實踐。
總之，他認為在道德教育方面「一定要少說多做」，「要善於
選擇地點、時間和人物，以例項教育學生」，才能收到良好
的效果。

盧梭的道德教育中也包含了宗教教育。他從自然神教出
發，認為愛彌爾在 18 歲以前不應該同他談宗教，直到他能自
己探究宇宙萬物的基本原因時，就會逐漸理解宗教的起源，

然後成為研究自然進而尋求自然的創造者，最後趨向自然神教的世界觀。

盧梭的社會政治思想深深地影響了 1789 年法國資產階級大革命，正如拿破崙所說：沒有盧梭，不會有法國革命。在世界教育史上，盧梭也是劃時代的教育思想家。他的教育思想對後來的資產階級教育家以極大影響，如裴斯泰洛齊、福祿貝爾、康德、泛愛學派的巴西多以及俄國大文豪列夫·托爾斯泰，直到 19 世紀末 20 世紀初的史賓賽、杜威、蒙臺梭利等人。

# 裴斯泰洛齊：啟蒙時代的教育創新者

## ▶生平和教育活動

約翰·海因里希·裴斯泰洛齊（1746 年～ 1827 年），瑞士著名的教育家。他出生在蘇黎世一個外科醫生家庭。5 歲時，父親逝世，由母親和一位忠實的女僕撫育成長。善良虔誠的母親和忠誠而有獻身精神的女僕對裴斯泰洛齊個性和思想的形成有很大的影響。他 9 歲時經常到在鄉村任牧師的外祖父家去。在隨同外祖父訪問窮苦人家時，窮苦孩子那突

出的顴骨和深陷的眼窩裡流出的苦難在他幼小的心靈留下了深刻的印象，奠定了他以後希望拯救窮苦人民、改造社會的理想。

中學畢業後，裴斯泰洛齊進蘇黎世大學求學。在大學裡受到盧梭等啟蒙思想的影響，同情資產階級革命，並加入了當時進步的青年學生組織「愛國者小組」，從事進步活動。1767 年，「愛國者小組」被取締，21 歲的裴斯泰洛齊和其他成員被短期拘留，釋放後，他便離開了大學，決心到農村去實現他改善農民生活的崇高理想。自此，他開始了 60 多年艱難的教育生涯。

裴斯泰洛齊的教育活動大致可分為四個時期。

第一時期——「新莊」時期（1768 年～1798 年）1768 年，他在諾伊霍夫（Neuhor 意即「新莊」）靠朋友幫助購置土地、房舍，籌辦了一個示範農場，他稱之為「新莊」，想藉此幫助農民學習新的耕種土地、管理農事的方法和技能，增加收入擺脫貧困，但他失敗了。1774 年他利用僅餘的一點資財和朋友的捐款，在新莊創辦了一所孤兒院，收容了大約 50 個孤兒。他組織兒童生產自給，夏天在田間勞動，冬天紡紗織布。他還親自教兒童讀、寫、算，並聘請了幾位手工工匠教授勞動技術，力圖透過教育把兒童培養成能獨立生活的人。他寫道：「我長年地生活在 50 多個貧苦兒童

的中間，我與他們同甘共苦；我自己生活的像乞丐，為的是教乞丐生活得像一個人」。後來因經濟困難，不得不在1780年停辦。

孤兒院解散了，但他以教育來改進社會，幫助農民的信心沒有動搖。在以後的十八年中，裴斯泰洛齊的生活十分貧苦，但他專心致力於寫作活動，先後發表了大量有關社會和教育問題的著作，竭力吸引瑞士的社會人士去解決仍然很迫切的問題：如何提高勞動人民的道德和智力水準。1780年完成了第一部教育著作《隱士的黃昏》。1781年出版了長篇小說《林哈德與葛篤德》，該書使他獲得了巨大的聲譽，許多知名人士絡繹不絕地前來新莊訪問，奧國首相和普魯士皇后也對他倍加推崇。1792年，法國大革命後的立法議會授予他「法蘭西共和國公民」的榮譽稱號。

第二時期 —— 斯坦茲時期（1798年～1999年） 1798年1月瑞士爆發了資產階級革命，革命政府給他安排了一個公職，但他謝絕了任命，表示只願做一名教師。受新政府的委託，在斯坦茲辦了一所孤兒院，收容了80個5歲至10歲的兒童。這些兒童「大多數身體有缺陷，很多人有慢性皮膚病，使他們步履不便，或是頭上癢痛，或是衣衫襤褸，滿身蝨子。很多人骨瘦如柴，形容枯槁，目光無力，……十個孩子中難得有一個是認識字母的，至於其他知識，當然更不

必談起了。」另外校舍簡陋，僅有他和一名事務人員，但他卻滿懷信心，「我斷定我的熱情將如春天的太陽使冰凍的大地甦醒那樣迅速地改變我的孩子們的狀況」。他以家庭的模式辦孤兒院，把孤兒院變成一個充滿著父母之愛的大家庭。裴斯泰洛齊依靠他的教育信念，把他的全部精神和感情都傾注到這些孩子身上，建立親子般的關係，不斷喚起兒童的人類愛的情感。在這時他也開始了初等教育新方法的研究和實驗。裴斯泰洛齊在這裡的教育獲得了極大的成功，但不久因校舍被徵作傷兵醫院，使卓有成效的教育被迫中斷。

第三時期——布格多夫時期（1799 年～ 1805 年）裴斯泰洛齊在孤兒院停辦後去布格多夫城先擔任了一年小學教師，1800 年，他和友人創辦了一所初等日校和一所寄宿中學。寄宿中學是一所培訓教師的綜合性教育機關，在這裡，他繼續在斯坦茲已開始的初等教育新方法的實驗活動，並初步形成了體系。這時，他先後出版了《葛篤德如何教育她的子女》、《母親必讀》、《觀察入門》和《數學淺說》等著作。1804 年又因校舍被占用而將學校搬遷。

第四時期——伊韋爾東時期（1805 年～ 1827 年）1805 年裴斯泰洛齊把學校遷到伊韋爾東，辦成一個規模較大的學校，有中學和師範學校。在最初的十年裡，學校呈現出一衍生機勃勃的景象。裴斯泰洛齊和助手們的工作得到社會

各界人士的敬慕，吸引了許多著名的哲學家、教育家和學者
前來參觀、學習。福祿貝爾稱伊韋爾東為「教育的聖地」，
不少貴族和富有資產者的子女也慕名前來求學。由於學生成
份的改變，貧苦子弟越來越少，這不符合裴斯泰洛齊的理
想，加之學校管理不善，教師之間經常發生糾紛，學校逐漸
衰落，並於 1825 年停辦。這位 80 高齡的老人又回到他開始
從事教育活動的地方 —— 新莊，在生命的最後二年裡完成了
最後一部著作《天鵝之歌》，這本書總結了他一生的教育工
作。1827 年 2 月 17 日逝世，終年 81 歲。由於他一生生活艱
苦、忠誠教育，被後人稱為「偉大的模範教育家」。1846 年
人們為紀念裴斯泰洛齊誕生 100 週年，在其墓前立了一塊紀
念碑，碑文記著：

「這裡安息著林哈德與葛篤德中的人民傳道者。

新莊窮人們的救星。

斯坦茲孤兒之父。

布格多夫和明亨布茲城的人民學校的創辦者。

伊韋爾東人道主義教育家。

正人、基督徒、公民。

一切為人，毫不為己。」

## ▶論教育的作用

從改良主義和民主主義的社會政治觀點出發，裴斯泰洛齊對教育在社會發展和社會生活中的作用做了過高的猜想。他堅信，透過規勸和教育，可以激發人們善良的心願，可以很順利很自然地改變社會的不平等關係和貧富懸殊現象，從而能從根本上改變貧苦人民的生活狀況。他還認為，勞動人民的生活之所以貧困，是由於愚昧無知的結果，若接受了教育則可發揮出各自的才智，從而擺脫貧窮。

在教育對人的作用問題上，裴斯泰洛齊說：「為人在世，可貴者在於發展，在於發展各人天賦的內在力量，使其經過鍛鍊，使人能盡其才，能在社會上達到他應有的地位。」他認為所有的人生來就蘊藏著各種能力和力量的萌芽，渴望並要求獲得發展，如「眼睛要看，耳朵要聽，足要行走，手要抓物，還有心要信仰和愛，頭腦要思想」。教育的作用在於把它們發掘出來，發展起來。所以教育對人的發展的作用，就在於發展天賦的潛藏在體內的能力的萌芽。而且「只有依賴於教育，人才能成為人。」

裴斯泰洛齊關於教育發展說中還包含了和諧教育的思想。他所說的「發展」是包括了兒童道德、智慧和身體各方面均衡的和諧的發展，他說：「我的初等教育思想，在於依照自然的法則，發展兒童道德和身體方面的能力，而這些能

力的發展，又必須照顧到它們的完全平衡。」

## ▶ 要素教育論

裴斯泰洛齊教學理論體系的重心是要素教育論。

要素教育論的基本思想是，教育過程要從一些最簡單的、為兒童所能接受的「要素」開始，再逐漸轉到日益複雜的要素。

裴斯泰洛齊的要素教育論根源於他接受了盧梭關於教育應該適應自然的思想。他認為兒童身上生來就潛藏著具有要求發展傾向的天賦能力和力量。教育要適應兒童的天性，按照兒童的天賦能力和力量的自然發展順序進行。兒童能力的發展是由簡單到複雜的，如人的認識是從感覺開始的，透過對外界的觀察，逐步形成明確的信念，並轉入思維，而各種感覺又是建立在簡單的要素之上，當你把簡單的要素完全搞清楚了，那麼最複雜的感覺印象也會變得簡單明瞭。教育就應該從最簡單的要素開始逐步轉到更為複雜的方面。例如，體育最簡單的要素是各種關節活動；道德教育最簡單的要素是兒童對母親的愛；智育最簡單的要素是數、形、詞等等。

裴斯泰洛齊認為，要素教育的本質是要求簡化教學，使每一個母親不需要其他幫助也能夠教育自己的孩子。這樣，隨著教學方法的簡化，受教育的人數將會日益增多。可見，

裴斯泰洛齊的要素教育論，客觀上反映了資本主義生產發展要求擴大教育對象的普遍趨勢，這也是裴斯泰洛齊力圖擺脫陳腐的、繁瑣的經院主義教育方法，使「教育過程心理化」思想的展現。

## ▶ 母愛與道德教育

裴斯泰洛齊很重視道德教育。他認為在人的各種能力的和諧發展中，最重要的是形成人的道德。人們一生的生活，是否幸福、平安，就「要看他的處世為人，是否道德無虧，能否作社會的表率」。

按照他的要素教育論，道德教育最簡單的要素是兒童對母親的愛。這種愛的進一步發展，便是一個人道德力量的實現。

這樣，兒童道德教育的基礎應該在家庭中奠定。在家庭中，首先要培養兒童對母親的愛。當嬰兒出生後一段時間內是孤弱的，母親出於動物本能的力量，熱情地照顧孩子，使孩子產生了依賴感，這就是最基本、最純樸和最簡單的感情。孩子在母親的愛撫、照顧下感到愉快、滿足，於是「愛的種子就在孩子的心裡發展起來了」；當孩子看到某種未見過的東西而感到驚奇、恐懼，並大聲哭泣時，母親把他緊緊摟在懷裡，撫愛、安慰他，信任的種子就在他心中發展起來

了。當孩子有需要時母親滿足了他的需要，感謝的種子又發展起來了。這樣依賴、信任、感謝交織便構成了良心的萌芽。

兒童道德力量的進一步發展，必須在學校中實現。在學校裡，透過教育，兒童把對父母、家庭成員的愛擴大到愛一切人，最後達到愛上帝，由此形成博愛、信仰的美德。正因為此，裴斯泰洛齊要求學校的德育首先要與家庭教育方式連繫起來，要使學校教育充滿家庭式的信任和兄弟般的友愛的氣氛，教師要以母愛精神去感化學生，把「母愛這股永不枯竭的泉水傾注到更大一群受教育者的身上」，去贏得孩子們的信任和熱情，這樣，一切問題就會迎刃而解了。

裴斯泰洛齊主張在道德教育中要著重引起和發展兒童的道德情感，因為對美德的熱烈的情感勝過空談。在斯坦茲孤兒院時，有一次，一些難民給了孤兒們一些錢，他便立即抓住這個機會，引導兒童發生情感。他對孩子們說；這些人如此困難、可憐，但還是給我們錢，讓我們來謝謝他們。於是孩子們表現出來的情感使難民們也流下了眼淚。

他認為道德教育的重要手段是使兒童練習道德行為，而且要透過多次的練習才能鞏固。練習的最好方法，莫過於使兒童多做幫助他人的事。

裴斯泰洛齊的道德教育觀是以資產階級人性論為基礎的，並與他的宗教思想緊密連繫。但他強調教師要以母愛精

神去教育和感化學生，這是值得重視的。作為一個教師，如果沒有對兒童的熱愛，就不可能熱愛教育事業，因而也難搞好教育工作。

## ▶智育與小學各種教學法的建立

裴斯泰洛齊主張，兒童的學習應該從直接經驗開始，因為感覺是一切知識的基礎。人們對外界事物感知時是從模糊的印象過渡到清楚的概念的，在這一心理過程中，使知識清楚起來的手段是數目、形狀和語言。例如，當人們要分辨呈現在眼前的混亂而模糊的物體並想弄清楚時，總是提出3個問題：「1.他面前有多少物體？有哪幾種物體？2.它們的外貌、形狀或輪廓是怎樣的？3.它們的名稱；他怎樣用一個聲音或一個字表達每一個物體？」所以，裴斯泰洛齊把數目、形狀和語言確定為教學的基本要素，智育就是藉助於這三個要素來實現的。

依據以上思想，裴斯泰洛齊深入地研究了初等學校的教學法問題，奠定了小學各科教學法的基礎。

語言教學裴斯泰洛齊認為語言教學應該從最簡單的要素──語音開始，然後是認識單字或詞，最後是閱讀。學習發音時，要求教師要特別注意兒童聽覺的正確。他堅持採用拼音識字教學法，要求教學步驟由淺入深、從易至難，井然有序。

測量教學孩子認識形狀的能力可以透過測量教學來掌握。形狀的基本要素是直線，所以測量教學從學直線開始，先學直線，然後轉到角、正方形，最後學習曲線和幾何圖形（圓形、橢圓形等）。在教學過程中，教師應該把幾何圖的線條和圖形指示給學生看，也可以用直觀的方法，用硬紙割成各種圖形，或做成一些模型，讓學生觀察，並講述它們的名稱。當兒童掌握了這些圖形的名稱和特徵後，便學習繪畫和測量。

計算教學裴斯泰洛齊反對以背誦規則為基礎的傳統的算術教學，指出計算教學應該憑藉實物以及直觀的點和線來進行。在教學時，應讓學生先學習整數的概念，再學習整數的四則運算，然後學習分數的概念，並學會運算。為此，裴斯泰洛齊還創造了一種」分數表」，他的後繼者在這個基礎上設計出「算術箱」的教具（即含有 1,000 個小正方形的大正方形）。

裴斯泰洛齊是一位著名的資產階級民主主義和人道主義的教育家。他的教育實踐始終以貧民兒童為教育對象。他熱愛兒童，熱愛教育事業，為貧苦兒童的教育貢獻出了自己畢生的精力，他本來有機會在政府任職，但他毅然謝絕說：我唯願做小學教師。裴斯泰洛齊這種獻身國民教育事業的崇高精神，在當時教師地位極端卑微的情況下實屬難能可貴，在今天也仍然值得我們學習。

裴斯泰洛齊在教育理論方面也作出了很大的貢獻。他重視教育在人的發展中的作用，主張培養「和諧發展」的、能夠適應現代生活的人。他對兒童的體育、勞動教育、智育和德育各方面都提出了一些寶貴的意見。他提出的「教育心理化」口號直接開創了西歐近代教育史上的教育心理化運動；他積極探索教學規律，簡化教學方法，制定了初等教育的一般原理，奠定了小學各科教學法的基礎。所有這些對改進當時的教育、教學工作，以及對後來教育學的發展都產生了極大的影響，在 19 世紀中期，歐洲出現了裴斯泰洛齊運動。當然，他的思想觀點上也有一定的局限與不足，如他試圖用教育改良社會以及他的唯心主義哲學觀等。

## 赫爾巴特：教育科學的奠基人

### ▶生平、著作

約翰・弗里德里希・赫爾巴特（1776 年～ 1841 年），1776 年 5 月 4 日誕生於德國北部的奧爾登堡，祖父是一所文科中學的校長。父親為當地的法官，思想保守。母親出身於醫生家庭，富於智慧和教養，她婚後因與丈夫不和，遂將愛

心傾注到獨生子赫爾巴特身上，尤其重視兒子的教育問題。赫爾巴特的初等教育是在母親和家庭教師的協同教導下完成的，受到全面而嚴格早期教育的赫爾巴特，從小即發展了哲學的秉賦和思辨的才能，並具有良好的音樂、古典語言及自然科學的教養。

　　1794 年他遵從父命進入耶拿大學，學習法律，但他對法學不感興趣，除應付考試外，餘暇時間都潛心於哲學、倫理學、數學和天文學的學習。當時的耶拿大學，哲學氣氛十分活躍，萊布尼茲、康德、費希特等哲學家的思想對他產生了重要影響。

　　1797 年大學畢業後，赫爾巴特到瑞士一位地方長官家擔任家庭教師，給 3 個年齡分別為 8 歲、10 歲和 14 歲的男孩教授古典語言、歷史學和自然科學。主人要求赫爾巴特每兩週呈交一份書面報告，介紹他的工作計劃及學生的學習進展。在教學和完成書面報告中，赫爾巴特仔細地考慮自己的教學方法，探索如何透過教學進行教育，如何透過培養興趣來掌握知識，培養性格。這些思考成為他後來教育學說體系的基本內容。在這時他認識了裴斯泰洛齊，併成為裴斯泰洛齊教育思想的熱情聽眾。在布格多夫，赫爾巴特參觀了裴斯泰洛齊的要素教育、直觀教學的實驗，了解了裴斯泰洛齊要使教育心理化的奮鬥目標，這些給赫爾巴特以強烈的印象和

啟迪，同時他也看到裴斯泰洛齊教育思想中缺乏一定的科學性和邏輯性。在研究裴斯泰洛齊著作的基礎上，他撰寫了《裴斯泰洛齊直觀教學 ABC》（1802 年）、《評裴斯泰洛齊的教學方法》（1804 年）、《世界審美表象》（1804 年）等著作。1802 年赫爾巴特通過答辯，取得了哥廷根大學博士學位，並在該校任教，主講哲學、教育學。從 1806 年起赫爾巴特進入創作的黃金時代，陸續完成並出版了《普通教育學》（1806 年）、《形而上學要論》（1808 年）、《實踐哲學概論》（1808 年）等重要著作。《普通教育學》是作者多年來教學實踐經驗和理論探討的總結。

1809 年赫爾巴特繼康德後被聘為哥尼斯堡大學哲學和教育學講座教授。當時哥尼斯堡大學正在物色一位懂得教育而學術地位又高的哲學家，根據這一精神，國王威廉三世在欽準赫爾巴特到哥尼斯堡大學任哲學講座教授的諭旨中寫道：「朕特準哥廷根之赫爾巴特教授前來中國之大學教授哲學，朕批准此項任命之意在於赫爾巴特可在遵循裴斯泰洛齊諸項原則以改善中國教育制度方面發揮其有益之作用。」赫爾巴特獲得了這個嚮往已久的職務，深感興奮和榮幸。他在此工作了 24 年。在講學中，他強調理論連繫實際，要求成立一個小型的實驗學校。他說：「在我擔任的工作當中，教授教育學理論是我最喜歡的工作。不過這項教學工作不僅僅是一

項學術性很強的工作，還必須有演示和實習。我還想擴充這一領域的（經過將近十年時間取得的）經驗。因此，我早就想挑選一小批男生由我親自每天授課一小時，讓那些熟悉我的教學法的青年人聽課，在我的指導之下由他們一步一步地把我已經開始的工作繼續下去。這樣，教師們可以逐步受到訓練，他們的方法透過互相觀摩交流也會逐步完善。……成立一個我頭腦中醞釀的那樣一個小型實驗學校，就很可能是為將來成立更大規模的學校所作的最好準備了。正如康德所說：先辦實驗學校，再辦普通學校。」他的建議在當時受到很多人的稱道。赫爾巴特在哥尼斯堡大學創辦了一所實驗中學和教育研究所，他親自講授數學，把裴斯泰洛齊初等教育的方法加以發展，應用到中學。1823 年 5 月他寫信到柏林，認為「他的方法至此已經形成」，「以期有朝一日普遍應用於文法學校。」同時他還參加了教師培訓工作。這期間他出版了《心理學教科書》（1816 年）、《科學的心理學》（1824年）、《關於心理學在教育學中的應用的通訊集》等著作。

　　1833 年赫爾巴特應徵重新回到哥廷根大學執教。晚年的著作有《教育學講授綱要》（1835 年）。在這本書中，他重新審訂了他的教育原則，並把《普通教育學》中闡述的教育理論與他的心理學理論更加明確地連繫在一起。1840 年完成《心理學研究》，1841 年患急病去世，享年 65 歲。

## ▶赫爾巴特教育思想的理論基礎

赫爾巴特在《教育學講授綱要》中說:「教育作為一種科學,是以實踐哲學與心理學為基礎的。前者指明目的,後者指明途徑、手段……」,基於以上指導思想,赫爾巴特很重視對哲學和心理學的研究,力圖把自己的教育思想建立在哲學和心理學的研究成果之上。

哲學觀赫爾巴特受到康德、費希特、萊布尼茨等唯心主義哲學思想的影響,尤其是萊布尼茨的「單子論」。萊布尼茨認為構成世界萬物的本原和基礎是一種叫做「單子」的精神實體。康德則提出了「物自體」的概念,認為宇宙間存在著離開意識而獨立存在的、但是不可認識的本體。赫爾巴特吸收並揉合了以上觀點,發展了一套形而上學的實在論學說。他認為宇宙是由人們所不能認識的無數永恆不變的「實在」這樣一種精神實體所構成的。「實在」的世界是絕對的,沒有任何變化。「實在」是永恆不變的,但「實在」與「實在」之間有著各種不同的關係並相互發生影響,這些不同的關係和相互影響,就構成了宇宙可變性的外形,造成人們在認識宇宙時的種種錯覺與幻覺。因此,人們研究教育現象時必須以對「實在」的認識為基礎。赫爾巴特關於形而上學的實在論學說,在 19 世紀哲學界有著相當的影響。與此同時,赫爾巴特又吸收了以洛克為代表的英國唯物主義經驗論

的學說，把人的心靈看作「白板」，堅持心理與認識產生於感覺和經驗。

心理觀赫爾巴特主張在心理學的基礎上建立教育方法論。他最早宣稱心理學是一門科學；主張心理學應該和哲學分開，用特殊的方法研究自己特定的對象。他還認為，「在我們的教育學領域中大部分的缺陷乃是由於缺乏心理學的結果」，故畢生致力於把教育學建立在心理學基礎上的偉大嘗試。

赫爾巴特依據其哲學觀，認為宇宙是由許多獨立存在的、不變的、不可消滅的精神實體——「實在」所構成，人的心靈（或靈魂）也是這樣一個簡單的實體，人們是無法了解其本質的。但是，人的心靈可以透過感官媒介，在與外界的各種實在相互發生影響，在相互影響、相互衝突中，獲得人們心靈中最初的「觀念」。「觀念」是赫爾巴特心理學中常見的詞彙，有的譯為「概念」或「表象」，一般是指事物呈現於感官，在意識中留下的印象。他認為觀念乃是心理活動最基本的要素，沒有觀念就不存在心理，心理學就是研究觀念的科學，是關於觀念的出現、結合、集聚、分散、鬥爭和削弱的科學。他還認為各種觀念的形成及其運動，決定著人的意識包括認識、情感、願望的全部內容。

赫爾巴特在表述他的觀念心理學時，首創了諸如「意識

閾」、「無意識」、「統覺」、「有意識」等概念。

關於「意識閾」，他解釋為：人的意識中集聚著無數的觀念，其中一部分觀念由於其力量和強度較小而被抑制，「一個觀念若要由一個完全被抑制的狀態進入一個現實觀念的狀態，便須跨過一道界限，這些界限便為意識閾」。他認為意識和無意識是可以互相轉化的。隨著時間的變遷，意識閾限上的觀念可以轉入意識閾限下而成為無意識。反之也可。他的這一理論成為 20 世紀佛洛伊德「潛意識」學說的淵源。赫爾巴特試圖用他以上的理論去解釋複雜的心理現象，如遺忘即是一種觀念被另一些力量較強的觀念排擠、抑制在意識閾之下；回憶與此相反，是原已被排擠出的觀念受到某些觀念的吸引，重新呈現在意識閾之上；愉快則是兩種觀念保持和諧與合作。總之，赫爾巴特把各種心理活動都歸結為觀念及其運動。

關於統覺赫爾巴特認為觀念有自己存在的方式，它們互相吸引或者是排斥，極力維護自身的整體性。統覺是指兒童在原有經驗的基礎上吸收、同化新觀念，並構成觀念體系的過程。當人們注意一個事物時，心靈（實在）便與互相認識的事物（實在）發生作用，形成觀念，這是單個觀念。這個觀念若與意識中原有的觀念相一致，便被吸收、同化，觀念與觀念便形成了觀念團，再不斷擴大，便形成了觀念體系，

赫爾巴特將之稱為「統覺團」。在赫爾巴特的心理學中，統覺占有重要的地位。他認為能否促進統覺的進行關係到教學的成敗，所以教師應很好地掌握有關規律，以便在教學中使新觀念更好地被統覺團所吸收、同化。

關於興趣赫爾巴特的興趣，是指學生心理、觀念的積極廣泛的運動，及其對所學事物所產生的有高度吸引力和高度注意力的內部心理狀態。他認為「興趣是由各種有趣味的實物和作業所產生的。」在學習中學生若有了興趣便會自己要求鞏固知識、擴大知識，並能主動地去選擇、迎接知識。所以他提出教學應建立在興趣的基礎之上。

赫爾巴特的觀念心理學是建立在理論假設的基礎之上的。他否認了心理本質的可知性，也不承認心理生理基礎的研究，而且其理論充滿了矛盾。但在當時，他的理論摧毀了占統治地位的官能心理學，提出人的心理是一個由各種觀念的活動構成的有機連繫的整體，人的情感、願望和意志是由佔優勢的統覺團決定的。他力圖揭示人的內在心理活動的規律，並要求把教育學建立在這個基礎之上，使教育者們都來探索人的意識的內在活動的機制，研究知識經驗的形成，並由此尋找教育規律是很有價值的。

倫理觀赫爾巴特的倫理學思想的核心是強調每個人都應具有五種道德觀念，其一為「內心自由」的觀念。它要求個

人的意見和行為能受制於內心理性的判斷，在意志和行為之間就不會有任何矛盾、鬥爭。其二為「完善」的觀念。每個人應具有完美的理想和實現志向的堅韌不拔的毅力。這是實現德育、協調矛盾的基礎。其三為「仁慈」的觀念。要求一個人無私地為他人謀福利，使自己的意志與他人的意志互相協調。其四為「正義」的觀念，實際上是「守法」的觀念。其五為「公平或報償」的觀念。讓人們明白善有善報，惡有惡報，對善行給予褒賞獎勵，對惡行堅決懲罰。赫爾巴特指出這五種道德觀念並不是平行並重的，「完善的觀念應在其他實踐觀念以前……因為它繼續不斷地可以應用」。教育尤其應該著重於「完善」的觀念。

赫爾巴特認為這五種永恆不變的「美德」是「鞏固世界秩序的永恆真理」，也是維持現存社會秩序的行為準則。「五種道德觀念」不僅是赫爾巴特的倫理學信條，同時也構成他教育理論的重要立論依據。

赫爾巴特是第一個明確提出要以倫理學、心理學作為教育理論體系基礎的教育家。在《教育學講授綱要》的序言中，他說：教育作為一門科學是以實踐哲學（即倫理學）和心理學為基礎的，前者規定教育的目的，後者指明達到目的的手段和方法。因此，西方教育史學家稱他是「科學教育學的奠基人」。

## ▶ 教育性教學

### 1. 教育與教學的關係

在赫爾巴特之前，有一些教育家如康米紐斯、裴斯泰洛齊從人的和諧發展的思想出發，提出了教學應該具有教育性的觀點，但大多數人都是將教育與教學有關的問題分開來研究的。赫爾巴特明確地提出了「教育性教學」的原則。他認為教育的最高目的是培養德性，而教育的基本手段是教學。所以，教學必須具有教育作用。他聲稱：「我想不到任何無教學的教育，……我不承認有任何『無教育的教學』」，「教學如果沒有進行道德教育，只是一種沒有目的的手段，道德教育如果沒有教學，只是一種失去手段的目的。」赫爾巴特將「教學」概念置於從屬於「教育」概念的地位。在他看來，教育與教學是目的與手段的關係，手段應該服從目的，所以他提出的原則是「教育性教學」。

### 2. 教育性教學的作用

赫爾巴特透過自己的思想、親身的經驗以及實驗，使他深信教育性教學具有驚人的效果，透過教學獲得「全面發展」的個人，將來會很容易勝任任何經過「深思熟慮」之後「決心」去做的一切事情。他能時刻想到明確的道德理想，能滿懷欣喜地去學習更多的東西，並能依靠「自身性格的力

量」不斷進步，實現理想。

　　赫爾巴特在瑞士當家庭教師時就決心不僅從理論上而且要從實踐上來證明「透過教學進行教育」的可行性。他是透過美學和文學、數學和自然科學的教學來實現的。赫爾巴特向學生們傳授了完美的語言技能以及歷史、古典文學方面精湛的知識，還給學生提供深入地數學訓練，甚至還透過實驗向學生介紹新興的自然科學。不過，這些教學並不僅僅是為了傳授知識，事實上他所探求的是透過刻意安排的教學作為最重要的道德教育的手段來教育學生。文學教學的目的是激發學生對他人情感的切身關注。而數學教學不僅是因為數學有實用價值和技術上的重要性，更重要的是應把數學當作訓練思想集中的一種手段，即數學教學是為了幫助學生培養性格。透過實驗赫爾巴特認為數學似乎永遠是在增強性格方面行之有效的唯一途徑。所以他在《美學表現》一書中表明：脫離了教學，教育一般不會取得成功。那麼教學怎樣才能更有助於美德的培養？其關鍵是教學方法，大量有用的知識、技能的傳授方式必須適宜，避免傷害學生的個性，這些傳授才能有助於美德的培養。赫爾巴特又是以其「興趣」的心理學理論來解決教學方法的。興趣對於教育性教學有重要的意義，首先它是教育性教學的中間目標，只有多方面的興趣才能夠給予意志以必要的內在自由，學生才可以用正確的觀點

去支配自己的行動。其次興趣還是教育性教學的重要手段，只有持續的興趣才能使人不斷地、輕鬆地開闊思維，接觸世界並能真誠地與自己的同胞共命運。興趣是教育性教學得以順利進行的關鍵。這樣，赫爾巴特就將教育性教學相應地建立在心理學的理論基礎之上，使之具有一定的科學價值。

赫爾巴特的教育性教學思想反映了知識與道德、智育與德育之間的內在連繫，他強調透過教學進行德育的思想不僅在當時，就是至今也是正確的，有著積極的意義。但是，他沒有認識到德育與智育之間的相對獨立性，教學並不是實施德育的唯一途徑。在這一方面，他存在一定的片面性。

## ▶論兒童的管理

赫爾巴特把教育抽成三部分：管理、教學、訓育（即德育）。他將管理放在最前面，展現其管理先行的思想。他指出：管理要放在整個教育過程的最前面，是一項獨立的任務，它不等於教育過程本身，而是順利進行教學和道德教育的首要的不可缺少的條件。在他看來，只有透過管理建立外部條件，維持外在的秩序、執行紀律，才能使教育性教學工作順利進行。他說：「如果不堅強而溫和地去抓住管理的韁繩，任何功課的教學都是不可能的。」

為什麼在教學前先進行管理？他認為兒童生來就有一種

「盲目衝動的種子」,「處處驅使他的不馴服的烈性」,管理是制止兒童盲目衝動和烈性發展的強而有力的手段。這種手段是強制性的,它並不要求在兒童的心靈上產生什麼目的,只是用強制性措施去約束兒童,如果對這種「烈性」、「衝動」不從小加以約束,不僅學業難成,而且有可能在將來發展成「反社會方向」。

如何對兒童實施管理?赫爾巴特主張採取以下方法或措施。

1. 懲罰的威脅。即以懲罰來威脅兒童,學校規定許多確實而具體的命令和禁則,設定懲罰簿,專門記載兒童的過失。但他同時指出,這種方法不可濫用,否則性格倔強的兒童對威脅毫不在乎,性格脆弱的兒童又不能承受威脅。

2. 監督。即對兒童加以嚴密監視、督促。這也是為了防止兒童有越軌行為而採取的防範措施。這種措施同樣不能濫用。

3. 命令和禁止。這是教育者對兒童的行為規範直接提出的要求。命令和禁止一經發出就不能輕易收回,兒童必須絕對服從。

4. 懲罰。這是在上述方法未奏效後採取的嚴厲措施。如:批評、警告、「站牆角」、禁止吃食物、關禁閉、體罰

（用戒尺打手）。赫爾巴特還指出，「教師在必須採取這些嚴厲措施時，要表現出冷靜和嚴苛，當事情過去後，他還要在表面上似乎已將事情全部忘卻。」

5. 不給兒童空閒。用安排緊湊而內容豐富的活動將兒童所有的時間占滿，使兒童感到時時刻刻有事情要做，因為「懶散會導致做壞事和不受約束。」

6. 權威和愛。這是管理的輔助手段。因為「人心屈服於權威」；權威能影響兒童的心性，使處於萌芽狀態中的意志趨善避惡。由此，赫爾巴特提出教育者一定要注意自己的言行，以提高自己在教育過程中的權威。另外，「愛」的作用也不可低估。他主張教育者應該透過愛撫、關心等手段深入兒童的感情，一旦激發了兒童的感情，管理工作便容易進行了。赫爾巴特建議在家庭中，父母應分別扮演「權威」和「慈愛」的角色。

赫爾巴特指出管理在學校教育中具有相對獨立性，主張建立嚴格的規章制度，安排豐富而緊湊的學校生活，注意教育者的威信與愛等都具有一定的合理因素。但他對兒童的整個管理是立足於維持學校和社會的現有秩序，這在當時是保守的。他把管理與道德教育機械地分割開也是錯誤的；他沒有看到管理與執行紀律本身也是教育的手段與結果；把學生僅僅看成為被動的受管制的對象，顯然是片面的。

## ▶ 教學理論

### 1. 教學的基礎 —— 多方面興趣

興趣作為一個題目運用在教學上已經有很長的歷史了。以前，興趣即便在受到重視時，也僅僅是作為教學的一個手段或動力。赫爾巴特從心理學的角度，提出興趣是學生的內部心理狀態，表現為學生對所學事物產生的高度吸引力和高度注意力；興趣應該是教學的目的。他說：「教師在他所教的一切課程中必須盡力提高學生的興趣，這當然是一個人人熟知的規則。不過，這一規則普遍地被理解和解釋為一種觀念，即學習是目的，而興趣是實現目的的手段。我想把這兩者的關係顛倒過來。學習必須為培養興趣這一目的服務。學習只是暫時的，而興趣必須是終生不渝的。」赫爾巴特認為錯誤的教學主要是既沒有把學生的興趣當作學習的動力，也沒有把學生的興趣當作學習的目的。同時，赫爾巴特又認為，教學應該激發的不是單一的興趣，而是多方面的興趣。單方面的興趣會破壞教學的教育性，不利於培養完美的性格和美德。「多方面興趣」可以完成當時流行的「人的全面培養」的理想。另外，從社會分工的複雜性和多面性來看，為了使學生能適應各種職業的選擇，教學應該激發的是一種均衡發展的「多方面興趣」。如何給興趣分類呢？他從心理的

狀態將興趣進行分類。多方面興趣分為兩部分，六種。

第一種經驗的興趣，表現為有觀察、認識自然的願望。第二種思辨的興趣，表現為樂於對事物進行思考。第三種審美的興趣，表現為對現象的善惡美醜能進行藝術評價。第四種同情的興趣，表現為願意與一定範圍內的人接觸。第五種社會的興趣，表現為願意與較廣泛的人接觸。第六種宗教的興趣，表現為重視所信奉的教派，與上帝結合。前三種興趣歸為一類，屬於認識部分，稱為「知識的興趣」。後三種興趣歸為一類，屬於情感部分，稱為「社會的興趣」。他還認為「興趣是由各種有趣味的實物和作業所產生的」，必須透過多種學科的掌握去形成多方面的興趣。為此，赫爾巴特擬定了一個較為廣泛的課程體系。按興趣的兩部分，課程相應地也分為兩類即自然類和社會類，具體的有：

1. 根據經驗的興趣，設立自然（博物）、物理、化學、地理等學科；

2. 根據思辨的興趣，設立數學、邏輯、文法、自然哲學等學科；

3. 根據審美的興趣，設立文學、音樂、繪畫、雕刻等學科；

4. 根據同情的興趣，設立古典語、現代外語、本國語等學科；

5. 根據社會的興趣，設立歷史、政治、法律等學科；

6. 根據宗教的興趣，設立神學科。

　　赫爾巴特的這個內容廣泛而又相互連繫的課程計劃，既包括了傳統的古典人文學科乃至宗教學科，也吸納了新興的近代自然學科。他強調知識的系統性，認為多方面的興趣必須是和諧的、合比例的、平衡的，它就應該扎根於「範圍廣泛的、連繫得很好的系統知識」裡，應該是充分的知識訓練的結果。他的「發展多方面興趣」的教學目的即吸收整體的、系統的知識，這是對歷代「通才」教育思想的發展。

## 2. 教學階段論

　　赫爾巴特根據他的心理學理論，認為教學過程是各種觀念的頻繁活動。「興趣」、「注意」、「統覺」在這個過程中有著重要作用和意義。他認為人們的認識過程，在興趣狀態下可產生兩種心理活動，一種是「專心」，一種是「審思」。專心是「集中於任何主題或對象而排斥其他的思想」。其觀念活動表現為：一種觀念比較突出並對其餘觀念發揮作用，不由自主地壓制與隱蔽了其他觀念。審思是「追憶與調和意識內容」，其觀念活動為協調、同化新舊觀念的一種統覺活動。只有透過審思活動後，那些被專心接受的新觀念與兒童原有的觀念調和起來了，才能保證兒童意識的統一性。因

此，審思活動應當在專心活動之後進行。專心活動與審思活動交替進行，就構成了所謂的「精神呼吸」活動。觀念無論處於運動狀態還是靜止狀態都可以進行專心活動和審思活動。赫爾巴特依據他確定的人們在認識過程中觀念運動的規律，將教學步驟分為「明瞭、聯合、系統、方法」四個主要階段。

1. 明瞭。這是教學過程的第一步，由教師傳授新教材。它要求教師在講解時應盡量明瞭、準確、詳細，並與兒童意識中相關的觀念（已掌握的知識）進行比較。教師主要採用提示教學，也可輔之以演示，包括實物掛圖等直觀教學方式幫助學生明瞭新觀念，掌握新教材。對學生而言，這一階段處於靜止的專心活動，其心理狀態主要表現為注意，注意教師對新教材的提示，集中精力對新的概念、教材進行鑽研，努力明瞭新觀念。

2. 連繫。對學生而言，這一階段處於動態的專心活動。這種鑽研活動可使學生新掌握的觀念、教材與以往已有的觀念之間產生連繫。由於新知識與原有知識間的連繫開始時尚不清晰，處於一種模糊狀態，學生的心理狀態表現為期待，希望知道新舊觀念連繫起來所得的結果。此時教師應採用分析教學和學生進行無拘束的自由談話，引起統覺過程，使新舊知識產生聯合。

3. 系統。經過聯合階段後，學生的新舊觀念，新舊知識已經產生了連繫，但是還不系統，需要一種靜止的審思活動。學生應在教師的指導下，在新舊觀念連繫的基礎上進行深入的思考和理解，並尋求結論、規律。這時學生心理上的特徵是探究。教師可採用綜合教學，透過新舊教材對比連繫，將知識形成概念、定義、定理。

4. 方法。學生對觀念體系的進一步深思，表現為一種動態的審思活動，這時學生會產生把系統知識應用於實際的要求，其心理特徵是行動。教師可以採用練習法，指導學生透過練習、作業等方式將所領會的教材應用於實際，並發展邏輯地進行思維的技能。

以上關於教學四階段的觀點即赫爾巴特的教學形式階段理論。後來他的學生加以完善和發展，將教學階段分為：

1.「預備」，即問題的提出，對教學目的的說明等。

2.「提示」，即新教材的傳授。以上兩個階段相當於「明瞭」階段。

3.「比較」，相當於聯合階段。

4.「總括」，相當於「系統」階段。

5.「應用」，相當於「方法」階段。

赫爾巴特的「方法」一詞往往令人費解，他的門生萊茵

將之改為「應用」後，更為確切地展現了赫爾巴特的原意。以上脫胎於赫爾巴特的教學五階段即構成了 19 世紀下半葉後風靡世界的「五段教學法」。

赫爾巴特的四段教學法（赫爾巴特學派的為五段教學法），是從豐富的教學實踐經驗中總結出來的。這一教學法對教學的階段劃分得很清楚，便於教師編制教案，有計畫地進行教學。

赫爾巴特的教學階段理論建立在對教學過程中，學生的心理活動的層次進行動態分析的基礎之上，並要求教師的教學方法和措施都據此而定，這是對裴斯泰洛齊提倡的「教育心理化」運動的有力推動。他的教學過程理論，在一定程度上揭示了教學過程的一些規律，是對教學論的一大貢獻。但赫爾巴特把這一教學程式形式化、機械化了。他要求無論任何學生、任何課型、任何知識都要按此階段，依次進行，這就把生動、豐富多樣的教學活動變成了刻板的公式。事實上，這一理論比較適用於班級授課制形式下，以傳授系統書本知識為主的文科中學，較適合於教師按照邏輯編排系統地教，而不適用於淺顯知識及技能科目的教學，不利於學生主動地去學。赫爾巴特重視了教學中兒童的興趣和心理特點，但這種重視是服從於以教師為中心的系統知識的傳授這一前提的。換言之，赫爾巴特重視兒童興趣及心理的目的是為了

使教師更有成效地教，而不是讓學生主動地從經驗中學。後來杜威將赫爾巴特作為傳統教育的代表，批評他的心理學是「教師心理學」，而「不是兒童心理學」，也是有一定道理的。

## ▶赫爾巴特的歷史地位

赫爾巴特是西方近代史上有重要影響的教育家。他在教育、教學理論上的觀點是留給後世的寶貴遺產。但在教育史上赫爾巴特更大的貢獻在於他努力使教育學成為一門嚴謹的科學。

赫爾巴特是近代教育史上試圖使教育學成為一門科學的開山祖。直到 19 世紀初，心理學仍未成為一門科學，康德否認心理學是科學的思想控制著德國乃至歐洲。進步的教育家在提出自己的教育理論時，往往以兒童的自然天性或自然主義為依據（如不同解釋的自然適應性），而這些均缺乏科學的理論基礎，因而難以從理論上確切地論證他們的教育原則和方法。赫爾巴特首次明確地提出心理學是一門科學，應該作為教學理論的基礎，並在理論假設的基礎上構造了一個雖然並非完全科學、但頗具教育意義的心理學體系，試圖在心理學和倫理學的基礎上建立系統的教育學理論，使教育學成為一門嚴謹的科學。雖然由於時代的局限，赫爾巴特的嘗

試沒能完全成功，但它開闢了教育學發展的新途徑，為隨後蓬勃發展的教育心理化運動奠定了基礎。所以人們尊稱他為「近代科學教育學的始祖」。

# 福祿貝爾：幼兒教育的先鋒

## ▶生平與教育活動

福祿貝爾（1782 年～ 1852 年）生於德國中部圖林根一個牧師的家庭。他排行第六，母親因生他時難產造成的後遺症於 6 個月後去世。父親再婚後，繼母對他毫不關心，父親終日忙於教務，福祿貝爾童年的生活是不幸的。10 歲至 14 歲，福祿貝爾被舅父送到教區學校接受正規教育。童年時代的福祿貝爾熱愛自然，他以成人自學的態度，探索著自然的奧祕。他說：「無窮盡的自我觀察、沉思默想和自我教育是我幼年生活的基本特點」。15 歲時父親送他學習林務，但收穫甚微。1799 年他進入耶拿大學，學習自然科學，但因經濟困難不得不輟學去幫助父親處理事務，直到 1802 年父親去世。這以後他嘗試了幾種職業，但都不理想。1805 年他在法蘭克福的一所學校找到工作，至此福祿貝爾認為這才是他真

正的職業。為了支持裴斯泰洛齊，1806 年，福祿貝爾赴瑞士的伊韋爾東旅行，並帶著 3 個學生於 1808 年～ 1810 年在伊韋爾東接受裴斯泰洛齊的教育思想。其主要興趣在地理、博物、兒童遊戲、音樂及母親教育等課題上。但他並不盲從裴斯泰洛齊，認為裴斯泰洛齊關於初等教育的理論需要進一步發展，需要更堅實的理論基礎。為了充實自己，福祿貝爾先進入哥廷根大學，後又進入柏林大學，陸續完成大學的學業。在大學裡，他透過對礦物學的研究，發現礦物結晶具有嚴格的規律性，加上他幼年時對自然的了解，對植物生長規律的認識，使他確認，宇宙中事物之間有著嚴格的規律性和統一性。

1816 年，福祿貝爾創辦了一所實驗性質的私立學校，以自己親屬的子女為主要教育對象。在這期間，他的教育目的是使學生的各種能力得到協調發展，教學的主要原理是自我活動、自由發展和社會參與。時值德國反動勢力猖獗，福祿貝爾注重國民教育的活動受到壓制，他被迫關閉了學校，轉而到瑞士開展教學活動。1823 年～ 1825 年他寫了《人的教育》一書。這是一本教育哲學著作，同時也闡述了教育和教學問題。

1837 年福祿貝爾開始專門研究幼兒教育問題。這一年，他在德國的布蘭登堡設立了一所幼兒教育機構，招收 3 歲～

7 歲的兒童，並把在瑞士發明的教材和教具付諸使用。1840 年這所幼兒教育機構被定名為「幼稚園」。他還出版了一些刊物，積極宣傳設立幼稚園的必要性和實施幼兒教育的方法。1848 年幼稚園停辦，他轉而舉辦幼兒教師訓練所，在演講和文字方面宣傳他的教育思想。1844 年，他出版了《母愛之歌》，針對從嬰兒到 2 歲兒童的教育，用圖畫、手指遊戲和搖籃曲向幼兒展現這個世界，用母親般的愛，去啟發兒童能力的發展。1852 年，70 歲高齡的福祿貝爾應邀出席全德兒童教師集會演講，受到全場的熱烈歡迎。同年 6 月逝世。

## ▶ 論教育的原則

### 1. 統一的原則

　　統一的原則是福祿貝爾的宇宙觀、人生觀，也是他教育思想的出發點。他認為宇宙和萬物是合理的、井然有序的，並受一定的規律、法則所支配。這一思想產生於他幼年時對自然的觀察，發展於大學中對礦物學及自然的研究，又受到其他宗教思想的影響。在《人的教育》開頭兩段中，福祿貝爾說：「在一切事物中存在著和統治者一個永恆的法則……」，「這個全能的法則是以一個浸透一切的、精力充沛的、富有生命的、自覺的，因而是永恆的『統一』為基礎的。這個統一就是上帝。一切事物都是從神的統一，從上帝

227

而來，……因有了神的貫注而使每項事物得以生存。這便是每項事物的本質。」福祿貝爾認為，萬物皆是神所創造的，所以神的本質 —— 神性就存在於萬物之中，神的本質也就是萬物的本質。也就是說，任何一個生命中，包含人的生命和自然的生命，都多少含有些「神性」，所以一切生命都含有相同的素質。萬物是依照自己內在的本質表現出具體的形象，但人與其他的被造物截然不同。福祿貝爾認為，人是萬物中之靈長，是具有最高度「神的本質」者，是能以理性認識事物者，因此人具有特殊的使命和責任。所以，教育的目的就是使人能意識到自己內在的神性，並能以自由意志，充當向外具體地表現這種內在本質的神性 —— 即統一內在的法則。也就是說透過教育，使兒童認識自然，認識人，最終認識統一的法則。

## 2. 發展的原則

福祿貝爾認為，自然界萬事萬物都是在發展的。人是自然的一部分，與大自然一樣，是不斷地發展的，不斷地趨於完善。但人不同於自然，人能清楚地理解這一過程，並以教育來促進它。所以教育是一個由內因決定的進化過程。如果讓兒童聽其自然的發展，神的精神就會在兒童的活動中顯現出來。兒童之所以能「自動」，就是因為他們從一開始就潛藏著這種本能。依照福祿貝爾的觀點，兒童的本能共有四

類：活動的本能、認識的本能，藝術的本能和宗教的本能。教育的作用就在於提供產生自由、自動和自覺的條件，使潛藏在兒童內在神的精神更好地向外表現出來。因此，「教育的教學和訓練在根本原則上必須是被動的、順序的，而不是命令的、絕對的、干涉的。」教師的任務就在於遵循自然，引導兒童的成長，並提供一切幫助，而不是強迫它，干涉它。

福祿貝爾認為，發展是分階段的又是連續的、無止境的。人的發展先由一點出發，然後繼續不斷地、循序漸進地演進。在發展的歷程中，每一個階段都是前一個階段的延續；跳躍和突變不能算是發展。因此，在教育工作中，只能按照兒童生命發展的階段去幫助和指導兒童的發展，以跳躍的、速成的教育促成兒童的早熟，乃是一種不健全的早熟，並無教育的價值。而且發展是永無止境的，「人類永遠不斷地在形成之中，永遠活動地向前行進，由一個發展和形成的階段，趨向另外一個高一級的發展和形成的階段。」

發展的結果是對立面的調和。教育歸根到底是成長的過程。如同萬物生長一樣，人的成長也必須服從兩條互相補充的原則：對立的法則和調和的法則。在教育中，基本的對立物是內因和外因，亦即成長物的天性與環境的矛盾。無論是一株植物，一個動物還是一名兒童，其成長都有雙重的過程：變外因為內因和變內因為外因。即一方面接受外界的刺

激，藉此發展自己的天性；另一方面又把自己對事物的認識刻在外部事物上。教育者總是從內因和外因入手，在兩者之中發現調和的東西，克服差異，最終使兩者達到統一。這種透過對照最終達到和諧的過程的思想，成為福祿貝爾訓練兒童方法的理論依據之一。

### 3. 社會的原則

福祿貝爾非常重視教育的社會方面。他目睹了當時教育中存在的個人主義傾向和反社會的背景，力陳個體進步和社會進步之間的關係，說明整體和部分是不可分離的。他說：「當個體保持在落後狀態時，沒有哪個社會能夠進步。當社會保持在落後狀態時，個體也不能進步。」學校是一個統一的有機體，在裡面，由發展的個體組成的單位應該透過參加社會生活來完善自己。學校必須產生公民，必須為把自己的能力投入到為社會的最好服務中做好準備。教育必須兼顧歷史的、社會的、全球的立場，以增進國際間的相互理解及合作，進而促進世界和平。

### ▶幼稚園的創辦與發展

福祿貝爾接受了裴斯泰洛齊關於家庭、母親在幼兒教育中占有重要作用的觀點。但他又指出，許多母親沒有充分

的時間來教育自己的子女，而且也缺乏適當的教育訓練。因此，有必要建立公共的幼兒教育機構。但是，福祿貝爾深信，家庭的氣氛、信任和親密的氣氛對兒童的成長是至關重要的。所以他主張幼稚園應該是半日製的，每天教學的時間只有兩三個小時，其他的時間應在家裡得到正確的教育。這一思想也與當時社會工業化程式，要求在家庭以外建立教育機構，在白天對幼兒進行教育和照料的意圖不謀而合，這也是在福祿貝爾以後，幼稚園得到大發展的根本原因。

另外，福祿貝爾還從教育的社會價值中，闡述了幼稚園的重要性。人是一種社會動物，必須具備社會參與、社會合作的精神。幼稚園就是培養這種社會態度的最恰當的場所。他決意要把幼稚園變成社會的縮影，在其中充滿禮讓、團結互助和相敬相愛的良好風氣。

1837 年，55 歲的福祿貝爾，在德國的布蘭登堡創辦了一所獨立的幼兒教育機構，招收 3 歲～ 7 歲的兒童共計五十餘名。最初，他一直沒有恰當的名稱來表達，1840 年他與好友在花園中談論這所教育機構時，突然想到它就像是一個兒童成長中的樂園，由此定名為幼稚園（Kindergarteen）。為此，福祿貝爾擬訂了幼稚園遊戲和作業的內容與方法，確定了幼稚園的任務，設計了幼稚園的教具，以及出版了風行一時的幼兒教奉 ──《母親與兒歌》。

　　福祿貝爾指出，幼稚園的具體任務是透過活動和遊戲的方式，培養學前兒童，發展他們的體格，鍛鍊他們的外部感官，使他們認識人和自然，使兒童在遊戲、娛樂和天真活潑的活動中，做好升入小學的準備。福祿貝爾的幼稚園與他同時代的一些學前教育機構有著明顯的差別，它不是單純地照料兒童的機構，或是提供一種正規的學校教育。福祿貝爾企圖確立一種以遊戲為基礎的教育過程，希望讓兒童在獲得對事物感性認識的同時又傳授了初步的教育。

　　1848 年，因負債纍纍，幼稚園停辦，但這一年德國已有 40 所幼稚園了。1851 年，由於政治的原因，政府下令禁止設立福祿貝爾式的幼稚園，這對年老日衰的福祿貝爾是一個沉重的打擊。

　　福祿貝爾的幼稚園教育事業雖在德國境內屢遭摧殘，但由於他的活動順應了時代發展的潮流，其影響是無法消彌的，1854 年英國成立了第一所幼稚園。1855 年幼稚園由德國移民傳入美國。1861 年德國政府取消了對福祿貝爾式幼稚園的禁令，並在 1876 年承認幼稚園教育是初等教育的一部分。同年，幼稚園傳到日本，並透過日本，在 1903 年傳入中國。

## ▶論幼稚園教育

福祿貝爾認為，進入幼兒時期，真正人的教育就開始了。幼兒期的兒童認為各種東西都是有生命的，能聽，能說話。他們的心理特徵是以自我中心的。他們「從他本人和他的生活的關係去看一切事物。」他渴望自己能和周圍世界統一在一起。這種慾望是在充分地享受生動活潑的遊戲中得到滿足的。這個時期，教育的主要任務是變內因為外因，讓幼兒透過參與人和物的外部世界的活動來展現出自己的天性。

### 1. 自我活動

福祿貝爾提出幼兒教育的方法應以自我活動為基礎。他認為，人內在的本質 —— 神性（或說創造性）向外表現的自發性活動便是自我活動。健康的兒童生活是在不停的活動中（以玩耍為主），並從兒童的活動中可以看出內蘊神性的自我表現。福祿貝爾在兒童的實際生活中發現玩耍和內在神性即創造性的關係。自我活動應該被兒童的動機所決定，由兒童的興趣而產生，由兒童的力量來維持。這種活動不是由外力推動的，而是由內在的本質所驅動。「教育」若依拉丁語源的解釋是：將潛伏在人內的某種素質與能力，施以某種刺激以抽出（educo），並將之導上發展之途。福祿貝爾的思想與之不謀而合。建立在自我活動基礎上的教育方法才能取

得最理想的教育效果。因為自我活動能表現出兒童的發展程度，激發他們對新知識的興趣和注意，鼓勵自信與自尊，使學習成為一種快樂。自我活動還供給一種力量，引導兒童了解各種知識的關係。

福祿貝爾的這一思想也受到當時生物進化論思想的影響。19世紀初，德國生物學家拉馬克發表了生物進化論的觀點。他認為較高形式的生命是由較低形式的生命發展而來的。這個發展的關鍵在於生物的器官是否得到了利用。故而提出了「用進廢退」的思想，在當時影響很大。福祿貝爾第一個把這一觀點運用到教育上，認為兒童的自我活動決定了他們的發展。

## 2. 遊戲

福祿貝爾認為，幼兒時期最顯著的活動是遊戲。這個時期兒童具有活動的本能和衝動。遊戲就是由這種內在的需要而引起的。

遊戲在教育上有著巨大的作用。他認為遊戲是兒童認識世界的工具，是快樂生活的泉源，是培養兒童道德品格的手段，在遊戲中最能表現（或發展）兒童的積極性和自動性。福祿貝爾在教育史上是第一個承認遊戲的教育價值，並且有系統的把遊戲活動列入教育內容中。福祿貝爾不僅重視在

家庭、幼稚園中對兒童進行遊戲活動，而且還呼籲在每個城鎮，都應該為孩子們設立公共的遊戲場所。

福祿貝爾將遊戲分為兩種，即教學性遊戲和運動性遊戲。

教學性遊戲是透過訓練手的操作而進行的活動，如串小珠、搭積木、玩彩泥等。

運動性遊戲是透過四肢運動做一些模仿性的活動。它建立在兒童摹仿他們在自然界和周圍生活中所觀察到的各種動作的基礎之上。如學小兔蹦、烏龜爬、小鳥飛等。福祿貝爾在《幼稚園教育學》第十四章「運動遊戲」中認為，運動遊戲是一圓圈遊戲、團體遊戲和伴以詩歌的遊戲。在運動遊戲時伴以詩歌、音樂，一方面可藉詩歌表現兒童內在的本質與衝動；一方面因韻律活動而增加遊戲的樂趣；一方面可以訓練兒童語言，以清晰的發音表達所認識的事物。

## 3. 恩物

裴斯泰洛齊的教學中曾使用具體的東西如豆子、木塊來進行語言和數學的教學，使兒童在直觀中獲得正確的認識。福祿貝爾從中受到啟發，並進一步研究、創製出一套供兒童使用的教學用具，福祿貝爾稱之為「恩物」，意為神恩賜給兒童的東西。

　　「恩物」主要有 6 種，他的後繼者陸續編制發展為 20 種，一般將前 10 種稱為恩物，後 10 種稱為作業，有的也統稱為恩物。

　　第一種是六個絨毛做的顏色各異的小球，每個小球上繫有兩條線。玩球對兒童身心發展有顯著效果。它們能幫助兒童辨別顏色，鍛鍊肌肉，訓練感覺和四肢。丟球和持球的過程可使孩子獲得存在、占有、物體、空間和時間等概念的感性認識。

　　第二種是硬木製作的三件一套的玩具：球體、立方體、圓柱體。藉助這套玩具，兒童可以認識物體的各種形狀和各種幾何圖形。在玩耍中，兒童可以理解運動的概念。

　　第三種是一個沿各向對開、可抽成 8 塊小立方體的木製大立方體。透過教師的解釋，喚起兒童對整體和部分、部分與部分之間關係的注意，還能鍛鍊兒童創造性的組合能力，即用小立方體組合成不同的物體。

　　第四種是由 8 個小長方體構成的木製立方體。

　　第五種是木製立方體，可抽成 27 個體積相等的小立方體，其中 3 個小立方體又分別對分，形成 6 個三角體，有 3 個小立方體抽成四等分，形成 12 個三角體。

　　第六種是木製立方體，可以抽成 27 個小長方體，其中一些還可分為平板、斜角等更小的部分。

　　福祿貝爾恩物第一種、第二種以球為出發點，介紹立方體、圓柱體等客觀的宇宙原物。第三種至第六種以立方體做主體，讓幼兒體驗各種立體。其餘各種分別介紹直線、曲線、點等。所以，恩物是從立體到面、線、點逐漸由具體進入抽象，幫助兒童發現、認識及了解環境和周圍事物，並在遊戲的過程中能匯入顏色、奇數、偶數、倍數、分數的概念。除此之外，還可以做多種能力的鍛鍊。福祿貝爾要求每組恩物的各個部分，必須依照規律整理起來，方能表現出它的價值，並由此使兒童有一個統一的、整體的觀念。

## 4. 作業

　　作業是恩物的發展，是為兒童設計的各種製作活動。作業是要求兒童將恩物的知識運用於實踐。恩物是由特定的材料組成的，其本身形狀不變，而作業則是用某些材料如紙、沙、泥、竹、木等製作的一些對象。像剪紙、貼紙、摺紙、畫畫、黏土細工等。這些活動可以擴大兒童的眼界，發展兒童的認識能力，培養兒童的藝術興趣。

　　福祿貝爾認為恩物與作業既有連繫又有明顯區別：

1. 恩物的主要作用在於吸收或接受，作業則主要在於發表或表現。
2. 從安排的順序看，恩物在先，作業繼後。
3. 恩物不改變物體的形式，作業則要改變材料的形式。

　　福祿貝爾是近代學前教育理論的奠基人。他把教育看成是一個連續不斷的發展進化的過程，強調兒童的自我活動在教育上的價值。他創辦了幼稚園，正確指出了遊戲在幼兒教育中的意義，並在此基礎上建立了幼稚園工作體系。福祿貝爾製作的「思物」不僅在幼稚園教育中得到廣泛的使用，其中關於融玩具、教具和數材為一體的思想，至今仍有啟迪作用。

　　但是，福祿貝爾教育理論的基礎是唯心的理論主義，具有濃厚的神祕主義色彩。又因為當時兒童心理學發展水準的限制，使之無法科學地認識兒童身心發展的規律，因此在其理論中，一方面過高地猜想了兒童的主觀能動性和創造性，另一方面在具體的教學中，對兒童的主動性和創造性猜想不夠，表現為在兒童活動中規定了過於煩瑣的規則，客觀上壓抑和限制了兒童的發展。這些都屬福祿貝爾教育思想中的局限和不足。

## 第斯多惠：教育實踐與理論的整合者

### ▶生平與教育活動

　　第斯多惠是德國著名的民主主義教育家。他是德國民眾學校的倡導者。第斯多惠教育思想中最有特色的是他的民主

主義教育思想。在他的一生中，小學教育和小學教師的培養是他教育活動的重點。

第斯多惠出生在一個法官家庭。中學畢業後進赫伯恩大學，後轉入蒂賓根大學，學習數學、物理和哲學。1811 年畢業，1817 年獲蒂賓根大學哲學博士學位。當時的社會情況使他沒能找到他希望的技術性職業。起初他當過私人教師，教授數學。後在法蘭克福任教時，透過裴斯泰洛齊的學生，他開始了解裴斯泰洛齊的教育思想，在這一思想的影響下，他逐漸下定決心，獻身於國民教育事業。 1820 年～ 1832 年，第斯多惠擔任萊茵河上的梅爾斯師範學校校長，兼教數學和德語，並在附屬小學任課。1832 年～ 1847 年調任柏林師範學校任校長，同時教授教育學和各科教學法。在這 27 年中，他進行了一系列的教學改革實驗：把教育學列為師範學校最重要的必修課，把心理學和人類學規定為教育學的基礎；重視師範生的教學實習，力圖培養有崇高的社會責任感、好研究和具有獨立精神的教師。

第斯多惠還是一個進步的教育活動家。1827 年～ 1866 年間，他創辦並主編了有關小學教育和教學的《萊茵河雜誌》，在這個刊物上他發表了數以百計的文章。這些文章宣傳介紹了裴斯泰洛齊等人的民主教育思想，批評了當時德國現狀中存在的問題。他還是一個新聞工作者，又是普魯士議

會的議員，他參加過大量的教師集會，並發表演說，呼籲政府改善教師的經濟地位和社會地位，推進自己民主主義的教育思想。1832 年～ 1841 年，他還在柏林創辦了四個教育團體，研究並傳播先進與民主的教育思想。1835 年他出版了他的教育代表作《德國教師教育指南》。這部著作從理論探討開始，一直到對教師行動的直接指導，主要的目的是「指導教師或想要作教師的人怎樣才能提高自己的知識和教學技巧，以及講授每門學科須採取何種教學方法及使用何種教具等」。該書還介紹了一些教育名著。這部鉅著在他生前即出版了四次，對德國教師的思想與專業指導產生過巨大作用，在歐洲教育理論尤其是教學理論的發展上占有重要地位。

1847 年，他被普魯士教育當局免去柏林校長一職，並強迫他於 1850 年退休。對這位在德國已享有盛名的教育家採取這樣的懲罰性處理，當局宣布的理由是：「寫了許多煽動性文章」，「許多論述與觀點……違反國家教育當局所遵行的原則」，「與黨派活動有連繫」，甚至有「社會主義 —— 共產主義的蠱惑傾向」。其實真正的理由是政治原因。19 世紀前20 年，在普魯士反對拿破崙民族壓迫的解放戰爭中，德國的學校教育與教師培訓工作有明顯的發展。這種發展也受到盧梭、裴斯泰洛齊、洪堡德等人思想的影響。在德意志爭取解放之後的一個時期（1815 年～ 1847 年），教育是處於停滯不

前和限制發展的。1848 年資產階級民主革命之後，則變成了徹頭徹尾的反動。當時居於統治地位的貴族代表們把民主和民族的思想，以及人民尤其是小資產階級的鬥爭活動首先歸罪於國民學校和教師。一個文化部的高級官員說：「一看見那些來自第斯多惠學校的背離基督信仰的驕橫跋扈的教師，就總會給我一種最令人厭惡的印象。」第斯多惠並沒有沉下去，他專心致力於教育理論的研究與宣傳活動。1851 年又主編了《教育年鑑》，第斯多惠透過它譴責德國教育狹隘的民族主義和地方分裂主義傾向，呼籲人的自由發展是教育的主要任務。1857 年第斯多惠出版《教育的理想和可能性》，總結了自己為捍衛新教育而進行的鬥爭。1865 年，德國進步教師慶祝了第斯多惠 75 歲壽辰，他在回答教師們的祝賀中提出：「人民的教育，在最廣義上說乃是人民的解放。」這句話集中表達了他的教育理想。1866 年 7 月 7 日，第斯多惠患流行性霍亂逝世。

## ▶論教育目的

第斯多惠從資產階級民主主義思想出發，提出了「全人教育」的目的說。他說：「首先是人的教育，然後才是階級和專業的訓練」。這個教育目的說是針對當時德國學校中占統治地位的大國沙文主義、民族沙文主義的教育目的而提出

的。第斯多惠的「全人」包括三個方面：

首先，「全人」是一種能自由思考，以追求真、善、美為崇高使命的人。第斯多惠接受了裴斯泰洛齊的發展思想，進而提出每個人身上都存在著一種「自動性」，即生來具有的渴望發展的特性；人所以有各種能力和表現，都是因為在人的天性中潛藏著這種自動性的結果。自動性是達到培養「全人」這一教育目的的主要因素。但自動性只構成考試的主觀基礎，如果不把自動性用於達到某個目的，發展自動性則毫無意義。為此，教育還必須有它的客觀基礎，即現實生活中的真、善、美，自動性的培養應以真、善、美為思想內容。根據這一原理，第斯多惠提出：教育的任務在於發展人的自動性，使每個人都能成為自己生活的主人和指導者，只有透過人類力量的自由發展才能找到真正的、善良的和公正的東西。同時他還指出，真、善、美的內容是隨著歷史的發展而變化的，因此教育的任務不是讓人去適應現存的狀況，恰恰相反，是激起人們去改革現存狀況。學校應該培養能自由思考、能獨立改善自己狀況和周圍環境的人。

其次，「全人」是充滿人道和博愛、為人類而忘我犧牲的人。針對德國當時教育上狹隘的民族利己主義和大國沙文主義傾向，第斯多惠指出：民族不能把自己的幸福建立在人類的廢墟之上，在人們身上，愛人類精神與愛祖國精神應當

密切結合起來培養。他要求教育的基調應該是把個人教育成為一個人，而不是成為他的階級的一員。因此，他說：人是我的名字，德國人只是我的綽號。

第三，「全人」是全面的和諧發展的人。第斯多惠認為，普通教育的主要功能是給人格的全面發展打基礎。它包括加強體力、發展智力和培養德性。

在第斯多惠的教育目的說中，自動性的培養占重要的地位。在他看來，只有充分發展學生的自動性，才能培養出自由思考、各方面素質和諧發展的人。

第斯多惠的教育目的說有著時代的進步性，但他用人道主義關於「人」的抽象概念來確定教育的目的是不正確的。

## ▶論教育的基礎原則

第斯多惠在他的一系列著作中，提出了兩個基本的教育原則，即自然適應性原則和文化適應性原則。

### 1. 自然適應性原則

第斯多惠認為兒童生來就具有一定的素質和天然發展的傾向，所以教育、教學工作要想取得良好的效果，就一定要「適應自然地進行教學」。他說：在教育工作中，一般的說，一切應該按照人的自然本性來進行，個別的說，一切應

該按照人的年齡特點來進行。他所謂的「適應自然地進行教學」，就是指教師要嚴格按照人的自然本性及其發展規律來進行教育，要適應兒童的年齡特徵和個別差異。他把自然天性理解為智慧與能力的素質。把兒童智力發展的過程分為三個階段，即感覺階段、記憶階段和理性階段。在不同的階段中兒童表現出不同的心理特徵。教師要研究和認識兒童的心理特點，並將之作為教育、教學的基礎。他說，一個教師如果能夠透過自己活生生的觀察、研究，深刻地了解兒童的自然本性，那麼，他和學生直接交往時，他的內在感覺就會指示他應該如何恰到好處地進行教學，促進兒童本性的正常發展。否則，就會「毀滅人類高尚的本性」，產生極其有害的影響。

第斯多惠還把自然適應性原則確定為教育的最高原則。他說：自然適應性原則在教育學的天地中是永恆的，它是輝煌的、永不熄滅的、永不改變自己狀態的指路明燈，……一切其他的教育和教學法的規則都圍繞著它旋轉，而且都趨向於它。

第斯多惠提出的自然適應性原則，強調研究兒童的自然本性及其發展規律，順應了裴斯泰洛齊、赫爾巴特等倡導的教育心理學化趨勢。

## 2. 文化適應性原則

第斯多惠在論述自然適應性原則時對「適應自然」的含義作了更為明確的解釋，著重指出了個性發展與社會生活之間的密切連繫，他除了強調要重視兒童的自然本性以外，還提出了「文化適應性原則」作為對「適應自然」原則的補充，併力圖透過合理的教育把兩者統一起來。

第斯多惠指出，人的自然本性的發展必然會受到時間、空間、社會風俗習慣、時代精神、歷史的和現代的文化影響，所以，教育必須適應社會文化的狀況和要求。在教學內容上，除了要符合學生的接受能力外，還必須符合現代科學的水準，要「把學生提高到現代科學的高度水準。」

第斯多惠在「文化適應性原則」的論述中，第一次明確提出了教育必須受到諸種客觀社會條件的制約，這是對西方近代教育理論的一大貢獻，也表現出他對發展中的近代工業資本主義文明的關注。

## ▶論教學

第斯多惠從改革初等教育、發展國民學校的作用、改進師範教育等問題出發，非常重視教學問題，提出要努力研究科學教學論的歷史任務。在教學理論的研究中，他非常重視把教學實踐經驗與理論探討結合起來，他在教學論中提出的

一系列論述，都是以豐富的實際經驗作基礎，避免了空泛的教條或思辨性的理論演繹。他的教學論主要反映在《德國教師教育指南》一書中。

## 1. 教學的任務

　　教學的主要任務是什麼？當時有兩種對立的觀點：即教學的實質目的和形式目的。實質目的說主張教學的主要任務是傳授知識和形成技巧。這兩種觀點各執一端，前者表現為對古典教育的熱衷，認為文法、數學、邏輯、古典語對訓練學生思考力發展有巨大作用。後者表現為對現代教育的要求，認為自然科學、應用數學、地理、現代語是對學生生活有益的實際知識。第斯多惠辯證地論述了這兩者之間的關係。他認為在教學過程中這兩個目的不是彼此排斥，而是相互依存的。在採用正確方法的前提下，學生在學習教材掌握知識的同時，他的能力也必然得到發展，教學往往同時達到兩個目的。這兩者的關係是辯證統一的。形式的目的不能離開知識傳授而獨立存在，教材是兒童智力發展的血液，任何教學都必需根據某種教材來進行，只有接受多學科多方面的知識並把所學的知識與嫻熟地、自由地運用知識的過程密切結合起來，形式的目的才能達到。那種認為僅靠部分古典科目就能達到形式訓練目的的看法是錯誤的。另一方面，學生的能力發展也有助於其主動地學習教材，掌握知識。由此，

他得出了一個明確的結論，即「無論何時都不能談到實質的觀點和形式的觀點的絕對劃分的問題」，「盡可能深刻地認識和徹底地精通知識是一個統一的目的。」

但是，「在這兩個目的之中畢竟只有一個應當始終佔優勢的和統治的地位。」第斯多惠認為形式目的更重要，即發展學生的思維和語言表達的能力、隨意的注意、領會和研究新教材、新問題以及其他形式的能力。他之所以特別重視形式教育，一方面是試圖消除當時學校中存在著單純地死記硬背的現象，更重要的是認為發展兒童的能力有著巨大的意義。這是因為兒童能力的發展為他主動學習知識打下了堅實的基礎。同時還可以增強學生運用知識的能力。另外，像觀察力、記憶力特別是思維能力能激發性格，影響意志，形成完善的人格。在《德國教師教育指南》一書中，他說：「教學的正式的宗旨或目的是激發、發展和增強智力，特別是較高層次的智力，如判斷力、理解力和推理能力。這些能力的發展使人能正確認識世界並能夠用他的理智和意志控制其低下的本能，人就是以這種方式，主要是透過智力真正成為人的。」要想達到這個目的，啟發式教學是最好的方法。他說：「如果使學生習慣於簡單地接受或被動地工作，任何方法都是好的。」所以他反對當時盛行的「學術式的方法」，即教師從一般的原則出發，進行教條式的講述、傳授、講解

和教誨的方法，主張用啟發式的對話法進行教學，並斷定它
是教學的基本方法。

### 2. 教學的原則

　　教學原則的論述是第斯多惠教學論的一個極重要的部
分。他從自然適應性和自動性原則出發，提出了一系列具體
的教學原則和規則。在《德國教師教育指南》一書中，共有
33 條，其主要原則有：循序漸進原則、鞏固性原則、直觀性
原則，要考慮學生的個性差異、要發揮學生的學習主動性、
教學應力求引人入勝、要精力充沛地進行教學及教育性教學
等。這些原則主要圍繞著從學生、教材、社會文化條件以及
對教師的要求這四個方面予以分析確定。

　　第斯多惠教學理論的最大特點是它的實踐性和系統性。
他認為教育學不單純是理論的體系，它是從實際教學經驗中
總結出來的法則的總和。他自己幾乎教過各門學科，有著豐
富的教學實踐經驗，這使他對教學問題的論述有著很強的實
踐性和操作性，避免了空泛性和思辨性的理論演繹。

### ▶論教師

　　第斯多惠非常重視教師的作用，並根據自己長期從事師
範教育工作的經驗，闡述了教師的使命以及對教師的基本要

求。他認為教師的使命是教育別人，引導學生走正確的道路，激發他們對真、善、美的渴求，並使他們的能力和智慧得到最大的發展。這個偉大的使命就決定了教師應具有較高的素質，為此，第斯多惠對教師提出了一系列要求。

首先，他認為一個教師必須有崇高的理想。他說，一個教師如果不追求一定的理想，不為一個目的而活著，那他就永遠不會取得什麼好的成就。他鼓勵教師要無限熱愛教師職業，以滿腔熱情培養具有自由思考能力並能接受當代進步思潮的青年。

其次，他認為作為一個教育者的教師，本身應該具有良好的素質。他說：「正如沒有人能把自己所沒有的東西給予別人一樣，誰要是自己還沒有發展、培養和教育好，他就不能發展、培養和教育別人。」教師首先應該是一個具有自由思考和獨立精神的人，他還應該擁有一般的文化知識，接受過廣泛的普通教育，熟悉心理學和教育學，通曉自己的教材，懂得正確地運用教學方法。

再次，第斯多惠還要求教師要不斷地進行自我教育。教師在任何時候都不能滿足於自己的知識水準，因為教師所進行的教育、教學活動從來都不是已經完成了的和完善了的工作，它應該永遠在前進與發展之中。所以，教師需要不斷進行自我教育，包括使自己的思想品質不斷完善和不斷擴展自

己的知識眼界。他要求教師「要經常地加強進修：作為一個教師來說，要加強專業教育！」

# 烏申斯基：教育與民族精神的結合

## ▶生平與教育活動

烏申斯基（1823 年～ 1871 年）是俄國著名的民主主義教育家。1824 年出生於俄國莫斯科以南的圖拉城。父親是一個稅務官員。在受過完整的中等教育後，1840 年進入莫斯科大學法律系學習。在大學裡，烏申斯基接觸了大量俄國和西歐進步的文藝作品，1844 年以優異的成績獲碩士學位。1846 年被任命為一所法律專科學校的代理教授。1848 年以後，俄國統治者加緊對進步教師的監視和迫害，1849 年，烏申斯基被作為一個政治上不可靠的「自由思想家」而解除了教授職務。由於生活所迫，他在內務部當了五年小職員，在雜誌上發表了不少文章，參加教育問題的討論。1855 年烏申斯基重新開始了他的教育活動。他在一所孤兒院當教師，後又任學監（沙俄時代的學校行政之銜，位於校長之上）。這期間他更加注意教育問題的研究，並發表了一系列教育論文，如

《論公共教育的民族性》、《學校三要素》等。

　　1859 年，烏申斯基調任斯莫爾尼貴族女子學院的總學監，開始了一系列卓有成效的教育改革。斯莫爾尼貴族女子學院是 1764 年創辦的一所修道院式的女校，學校中充滿了封建的腐朽和落後。烏申斯基合併了原來的貴族女子部與市民女子部的課程，使所有在校女子接受同等的教育。此外，他還擬定了新的教學大綱，把本族語、俄國文學放在首位，增加了自然科學類科目，採用實物教學，要求進行物理實驗。尤其重要的是，他建議「建立一個專門師範班，以便使七年級（最高年級）的優秀女學生可以自願留在這個班裡一至兩年，作為師範實習生而進行教學和教育方面的實習」。這是俄國第一所培養女教師的學校，為俄國女子師範教育奠定了基礎。

　　為保障改革的進行，烏申斯基聘請了許多進步人士來校任教，每週四還召集進步教師和學生交流教育思想，討論教學問題，傳播資產階級精神。他利用擔任「國民教育部公報」編輯之便，發表了一批具有新思想的文章，主要有《勞動在心理上和教育上的意義》、《祖國語言》、《師範學校章程》以及低年級的俄語讀本《兒童世界》（上、下冊）。

　　烏申斯基的改革一開始就受到守舊振的反對和誣陷，他被指控為信仰無神論和有反政府的自由思想人，1862 年被辭退，沙皇政府迫於烏申斯基的聲望，派遣其長期出國考察女子教育。

1862 年至 1867 年，烏申斯基對瑞士、德國、法國、比利時、義大利等國的教育進行了考察和研究，完成了許多有價值的教育論著，如《祖國語言》及著名的《人是教育的對象》等。1870 年患肺病去世。

在 19 世紀 60 年代俄國的社會改革運動中，烏申斯基是一位進步的資產階級民主主義者。他反對沙皇政府的統治和腐朽的農奴制，擁護解放農奴，為祖國的自由發展而奮鬥。他雖未達到革命民主主義者別林斯基、車爾尼雪夫斯基的思想高度，但在某些方面受到了他們的影響，主張民族性原則，要求男女教育平權，要求普及教育。烏申斯基以其短暫的一生為俄國教育事業做出了傑出的貢獻，人們稱他是「俄國教育科學的創始人」、「真正的人民教育家」、「俄國教師的教師」。

## ▶ 論教育的民族性原則

教育的民族性原則是烏申斯基教育理論的重要指導思想之一，它貫穿在烏申斯基教育思想與實踐的各個方面。

### 1. 民族性的涵義

19 世紀，歐洲不少國家的社會科學研究者們都在大談民族性的問題。不同思想觀念的人對民族性有著截然不同的理

解。沙皇政府為維護腐朽、反動的農奴制，大力鼓吹俄國的民族性就是東正教、專制和民族不變的原則。由此推行「民族性、東正教、專制制度」三位一體的教育政策。

烏申斯基認為，民族性應該理解為一個民族的特點，即由每個民族的歷史發展和它必須在其中生存和勞動的那些地理和自然條件所決定的特點。他還指出，民族性是隨著歐洲近代國家的出現而逐漸形成的。一個民族的民族性也不是僵死的，它是在不斷發展和逐步完善的。烏申斯基的「民族性」包含愛國主義和人民性這兩個方面的內容。在很多情況下，烏申斯基實際上是將「民族」與「祖國」兩個概念等同看待的，而且指出民族性發展和完善的推動力就是勞動人民。他說：俄羅斯民族的主要特性突出地表現在它的人民具有非凡的創造力和具有強烈的愛國主義精神，他們不僅在歷史上多次打退了外族的入侵，捍衛了國家的獨立，而且創造了極為豐富的俄國文化。他還明確指出：「如果我們在中國普通人民的性格中只看出宗法制的色彩，那我們就太沒有遠見了。不，我們在人民的性格中看到許多高尚的文明、充滿力量的民族性和大公無私的人道主義的強大素質。」在以上的論述中反映出烏申斯基對民族性辯證的理解，並把民族性與人民性連繫起來，這是他民主主義思想的反映。

但是，烏申斯基由於世界觀的局限，對「民族性」也做

過一些唯心主義的解釋及過偏的觀點。他認為民族性都是神在世界上所創造的最美妙的東西。民族性是「眾人所共有的天賦性向」，在一切人身上都有這種情感，甚至在一個人身上所有的好品格都毀滅之後，他的民族性才會消失。這樣，烏申斯基就把民族性蒙上了神祕主義的色彩。他過分地強調了民族的共同性而忽視了民族內部的階級性，這些都是不足之處。

## 2. 教育與民族性

烏申斯基在《公共教育的民族性》一文中指出，民族性是教育的泉源，一個民族的教育，與這個民族的民族性有著不可分割的必然連繫。教育只有從民族性這個豐富的泉源中吸取力量才能得到發展，脫離了民族性想杜撰教育，是徒勞無益的。他說：「教育可以永遠依靠的只有一種每個人都具有的天性：作為民族本源的直感。正如每個人都有自尊心那樣，每個人都熱愛自己的祖國。這種愛為教育提供了一把開啟人類心靈的可靠鑰匙，並在同人類天生的、個人的和祖傳的邪惡品質的鬥爭中提供了強大的支持力量。當教育與民族性相合時，就能得到人們充滿生氣和感情強烈的反應與合作。這種感情比起單靠理智而接受的看法或害怕懲罰而形成的習慣要有效得多。」

另一方面，民族性的教育對民族的發展、民族性的完善又起著推動作用。

### 3. 民族性教育的特徵

首先，烏申斯基認為，民族性就表現為人民性，所以民族性的教育就應該是人民的教育。人民應是民族性教育完善、發展的推動力。他說，公共教育只有當它的問題成為一切人的社會問題和每個人的家庭問題時才是最有效的，國民學校只有當人民自己關心它的發展時，才能廣泛地和毫無阻礙地發展起來。這種教育應該是由人民自己來管理和領導的，任何人不能懷疑人民領導國民教育事業的能力。這種教育應該以人民的利益為最高標準，應當是男女平等的教育。

其次，民族性教育應該表現為愛國主義的教育。在烏申斯基看來，愛國主義也就是民族性的情感，是最有生命力的。愛國主義教育應該培養學生的民族自豪感、自尊心，懂得並履行公民職責義務。應該要求學生能夠無私地真誠地為祖國人民服務，在祖國與民族需要時，可以毫不動搖地犧牲自己的一切。烏申斯基在要求對本民族的熱愛和尊重時應該與對其他民族的尊重、熱愛結合起來，這就與狹隘的民族主義區別開了。

第三，民族性的教育應該吸收本民族人民所創造的優秀

的文化成果，應當把本民族語言的學習放在首位。烏申斯基
對當時俄國上流社會推崇西歐語言和文學，請外國人來學校
擔任教師，將本民族語言置之不顧的現象十分反感。他於
1861 年出版了《祖國語言》一書，強調要把俄語作為學校教
學的首要任務和基礎。烏申斯基對民族語言給予了極高的評
價，他說，民族語言是一個民族遠在有史之前就已經開始了
的全部精神生活中的一朵最瑰麗的永不凋萎的，永遠開放著
的鮮花。在民族語言明亮而透澈的深處，不但反映著祖國的
自然，而且反映著民族精神生活的全部歷史。兒童透過祖國
語言而獲取知識、智力和精神力量的速度與效率是最高的，
這是透過其他語言的學習而達不到的。民族語言還有助於一
個民族的鞏固和發展，他說：民族語言是最生動最豐富而鞏
固的一種連繫，它把過去、現在和將來的各代人民連結成為
一個偉大而富有歷史意義的生氣勃勃的整體。所以必須用祖
國語言進行教育和教學。

　　第四，民族性教育表現在教育制度上，應該有各自獨特
的教育體系。他認為，一個民族的教育經驗可以成為各民族
的寶貴遺產，然而正如民族語言一樣，又都有各自的特點，
所以每個民族都有它自己特殊的國民教育制度和特殊的教育
體系。他要求建立俄國自己獨創的教育體系，這種體系應該
反映俄國人民的教育目的，反映他們的經濟、政治和文化的

利益，擺脫其他國家教育理論的不良影響。這些要求，依靠抄襲其他民族的教育思想和教育經驗是不可能實現的，「在這一點上，每一個民族都應該自力更生。」但是，烏申斯基並不是排斥外國優秀的文化遺產，割斷與外國教育界的連繫。他認為，歐洲各國的教育有著「共同的歷史基礎」，以及各國兒童心理規律的一致性，導致各民族在許多方面有不少共同之處。所以，各國教育可以相互借鑑。建立具有俄國特色的教育體系，「並不在於我們的學校一定要組織得與別人的學校不同。」他要求根據本民族的需要批判地吸收其他民族的優秀遺產，建立適應自己民族特點的教育制度是正確的，但在一些問題的論述中過於絕對化了，從而出現偏激之處。

## ▶ 論教學

在烏申斯基的教育學體系中，教學論占有很重要的地位，他認為教學論是教育學課程的「一半」。他提出並論證了教學過程的本質規律、教學的心理學基礎及教學任務、教學原則、教學組織形式、教學方法等一系列重要問題，從而建立了俄國古典教學論的完整體系。

### 1. 論教學的心理學基礎

烏申斯基以唯物主義的認識論為基礎，批判地吸收心

理學史上各個派別的心理學思想，形成自己獨特的心理學理論。

烏申斯基把人的心理理解為處於生物發展最高階段的、作為社會生物的人所特有的精神過程的統一。他把整個神經系統中樞與大腦看作是心理過程的器官，並指出：「心靈的機構主要是生活的產物，並且是由生活經驗形成的。」由此，他提出：「心理學是一門以事實和觀察為基礎的，而不是以信仰為基礎的科學。」「這一觀點比赫爾巴特把抽象的觀念作為心理活動基礎的觀點更具有唯物特性。

從這一觀點出發，烏申斯基要求教師在教學中必須依據心理學、生理學和人體解剖學的科學原理來組織教學，必須了解學生的個性及其特點，要求教學必須適應學生身心發展的水準和特點。他提出狹義的教育學即單靠教學方法和教學經驗的教育學不是科學，僅是一門藝術。只有以科學的心理學、生理學研究成果為基礎的教育學才是科學的。烏申斯基系統地研究了注意、記憶、思維、意志、情感等在教學中的作用。

烏申斯基認為注意是教學的一個唯一的門戶，只有經過這個門戶，外在世界的印象才能在心裡引起感覺，注意愈強烈，則感覺愈明確和愈清楚，因此它的痕跡也就愈鞏固地儲存在我們的記憶中。烏申斯基把注意劃分為「積極注意」和

「消極注意」兩類，教學中應發展積極注意，減少消極注意。

記憶的基本功能是把從外界感受的印象儲存起來，作為後來回憶、思維、想像的材料。所以教學主要是以記憶過程為基礎的。人不是被動地接受和記憶，記憶是受人的自覺的意志控制下的一種心理生理活動過程。他把記憶分為機械記憶和邏輯記憶兩種，並認為後者是教學的主要依據，機械記憶也是不可缺少的。

意志是教學的基礎，也是教育的對象。他認為教學過程首先是培養意志的過程，其基礎是追求目的的努力，即直接或間接地滿足學習要求的努力。在學習中需要用意志力去掌握的東西還是很多的。

## 2. 論教學目的與過程

烏申斯基認為教學有兩個目的：形式的目的和實質的目的。但他更看重實質的目的，因為沒有必要的知識和技能去豐富學生的頭腦，所謂的觀察力、理解力就會失去對象，這樣的人「智力就像肥皂泡一樣」。

烏申斯基提出了教學過程兩個階段的主張：第一個階段是學生在教師的指導下觀察事物和現象，構成關於它們的概念。這個階段他又分為三個步驟，即直接認識事物、對觀念比較對照形成概念和概念系統化。第二個階段是學生對已獲

得的知識進行概括、鞏固形成技巧。他對教學過程的劃分與赫爾巴特的教學四階段理論基本上是一致的。

### 3. 論教學原則和教學組織制度

烏申斯基提出的教學原則很多，一般可以歸納為四個：直觀性原則、自覺性和積極性原則、連貫性原則、鞏固性原則。烏申斯基所提出的教學原則基本上是在總結以往教育經驗的基礎上形成的，但對具體原則的分析、論述時依據了新的科學成就，使之更完善，更趨於科學。例如直觀性原則，烏申斯基是從兒童的心理特徵為依據進行論述的。他認為兒童是依靠形式、顏色、聲音和感覺來進行思維的，兒童的天性明顯地要求直觀。所以直觀教學不是建立在抽象的觀念和詞的基礎之上，而是依據兒童所直接感知的具體形象。烏申斯基還進一步論述了直觀性原則在教學中的地位，他提出直觀性原則是在老師的指導下，保證學生獲得鞏固而充分的知識的諸多教學條件的一個，在運用實物和教具時還必須依據學科的特點和學生的年齡等條件來決定。教師不能過份迷戀於直觀，必須注意使教學從具體過渡到抽象，最終培養學生的思維能力。這樣他就豐富和發展了康米紐斯和裴斯泰洛齊等教育家提出的直觀性原則。

烏申斯基是班級授課制的積極擁護者。他認為班級授課

制應是學校全部教學的基本方式。他要求每個班級成員穩定，按課程表安排上課。教師應當在上課中起主導作用。

烏申斯基還把課分為混合課、練習課、評定知識課、綜合課等幾類。每堂課由三個連貫的部分組成：一是從舊課到新課的過渡，使學生產生接受新教材的意向；二是解決新課的基本任務，這是中心部分；三是總結和鞏固知識。

## ▶ 論教師

烏申斯基十分重視教師的作用。他認為大自然、學校、家庭、社會、人民、宗教、語言都是教育者，都有教育的意義，但其中起主導作用的是學校，因為學校對兒童施行的是「有意的教育」，學校中最重要的又是教師。「無論有什麼樣的規程和教學大綱，無論設有什麼樣的機構，不管有考慮得多麼周密的方法，也不能代替教師在教育工作中的作用。」因為人類教育的最主要的是信念，只有用信念才能影響信念。教師用自己高尚的人格直接影響學生時，才能對學生人格的發展和形成產生作用。這是一般教科書、道德格言、獎懲制度都無法替代的。此外，教師的工作還具有偉大的社會意義。教師既是人類歷史寶貴遺產的繼承者，又是這些遺產的保護者和傳道者。教師的工作直接關係到社會的前進和發展。

　　基於對教師作用的很高猜想，烏申斯基對教師也提出了嚴格的要求。他提出，教師必須具有願為社會利益服務的決心和為教育事業奮鬥的堅定信念，並按這一信念去行動。教師必須熱愛自己的職業，把自己的智慧和全部心靈都投入到教育、教學工作中，具有高度的工作熱情和責任感。除此外，教師還應具有教育專業的修養，熟悉教育理論、心理學和教學法，掌握教育的技能技巧；又要具有專業與一般學科的知識，最好有多方面的修養和造詣。

　　烏申斯基對教師的培養也進行過專門的研究。1861 年，他在斯莫爾尼女子學校辦師範班的實踐基礎之上，寫出了一個培養國民教師的計畫 ──《師範學堂草案》，其中提出了許多很好的建議和見解。他建議在小城市或鄉村設立寄宿的師範學校，師生都應過樸素、嚴格、勤勞積極的生活。師範學校應重視教育學、心理學和教學法的學習，應重視教育實習。他在《人是教育的對象》一書中獨創性地提出應在大學裡設教育系，他激動地寫道：「為什麼現在就沒有教育系呢？如果在大學裡有醫學系甚至財經系，而沒有教育系，那就只能證明，一直到現在人還是對他的身體和荷包的健康比對他的精神的健康看得重些，對未來一代的財富比對他們的優良教育要關心得多。」

　　烏申斯基關於教師及其培養的卓越見解在前蘇聯和世界上都產生了廣泛而深遠的影響。

烏申斯基是俄國著名的教育家。他的研究涉及到國民教育的每個方面。他一生都盡力於俄國的教育事業，與反動的舊教育作鬥爭，為建立人民的進步的新學校而努力。他的教育思想和實踐活動不僅對 19 世紀後期俄國的教育改革有重大影響，而且對十月革命後蘇聯的教育理論和實踐的發展也產生了很大的影響。在前蘇聯有不少以烏申斯基命名的學校，並頒發有烏申斯基獎章，設立有烏申斯基獎金。

# 馬卡連柯：教育改革與創新的倡導者

安東‧謝苗諾維奇‧馬卡連柯是蘇聯現代卓越的教育理論家和實踐活動家，他的教育理論來源於他創造性的教育實踐。

## ▶論集體和集體主義教育

按馬卡連柯的看法，集體首先是有共同目的、共同勞動、共同鬥爭並在這一共同目的、勞動和鬥爭的前提下，把人們團結起來的社會有機體。只有在社會主義條件下，才可能有真正的集體。他認為社會主義國家的每一個教育機構和學校就是一個集體。

　　集體教育是馬卡連柯教育理論的重要組成部分。他認為，教育的基本對象是集體，而教育工作的主要方式是集體教育。因此，他把集體和集體教育看成是全部教育理論的首要的和關鍵的問題。「透過集體、在集體中和為了集體」的教育，是馬卡連柯集體教育理論的核心思想。

## ▶論紀律和紀律教育

　　在馬卡連柯看來，「紀律是一種道德的政治現象」。蘇維埃紀律有兩大特徵：一是自覺性；一是積極性。社會主義紀律的本質所在，是「向前運動和克服困難」的紀律。

　　紀律、紀律教育和集體、集體教育密不可分，集體的建立、鞏固和發展，有賴於紀律的形成、加強和提高，紀律的形成和提高，又有助於集體的鞏固和發展。

　　良好的紀律是透過正確合理的教育產生的。紀律首先不是教育的手段，而是教育的結果。

## ▶論勞動和勞動教育

　　馬卡連柯非常重視勞動和勞動教育，他認為，勞動永遠是人類生活的基礎。在蘇維埃國家，勞動是光榮豪邁的事業。勞動不僅是勞動教育必不可少的措施，而且是全部教育總體中不可缺少的手段。

　　組織學生進行勞動，並對他們進行勞動教育，應當掌握以下原則：首先，必須使生產勞動與教學活動緊密地結合起來，是勞動服從於學校教育的一般目的；其次，組織學生進行勞動必須與思想政治工作結合起來；第三，組織學生進行創造性勞動；第四，組織學生進行勞動時，一定要考慮學生的年齡特徵和體力健康情況，不應使兒童負擔過重。

電子書購買　爽讀 APP

國家圖書館出版品預行編目資料

教育的演進：從古代氏族到近代國家的啟蒙之路 / 李劍橋，竭寶峰 編著 . -- 第一版 . -- 臺北市：複刻文化事業有限公司 , 2024.05
面；　公分
POD 版
ISBN 978-626-7426-65-4( 平裝 )
1.CST: 教育史
520.9　　113004531

# 教育的演進：
# 從古代氏族到近代國家的啟蒙之路

臉書

編　　　著：李劍橋，竭寶峰
發 行 人：黃振庭
出 版 者：複刻文化事業有限公司
發 行 者：複刻文化事業有限公司
E - m a i l：sonbookservice@gmail.com
粉 絲 頁：https://www.facebook.com/sonbookss/
網　　　址：https://sonbook.net/
地　　　址：台北市中正區重慶南路一段六十一號八樓 815 室
Rm. 815, 8F., No.61, Sec. 1, Chongqing S. Rd., Zhongzheng Dist., Taipei City 100, Taiwan
電　　　話：(02) 2370-3310　　傳　　　真：(02) 2388-1990
印　　　刷：京峯數位服務有限公司
律師顧問：廣華律師事務所 張珮琦律師

定　　　價：375 元
發行日期：2024 年 05 月第一版
◎本書以 POD 印製